教育部人文社会科学研究规划基金项目研究成果
中国特色社会主义经济建设协同创新中心成果

金砖国家经济周期的协动性及其启示研究

张兵　著

南开大学出版社
天津

图书在版编目(CIP)数据

金砖国家经济周期的协动性及其启示研究 / 张兵著
. —天津：南开大学出版社，2018.6
ISBN 978-7-310-05546-3

Ⅰ. ①金… Ⅱ. ①张… Ⅲ. ①世界经济—经济周期—研究 Ⅳ. ①F113.7

中国版本图书馆 CIP 数据核字(2018)第 014460 号

南开大学出版社出版发行
出版人:刘运峰
地址:天津市南开区卫津路 94 号 邮政编码:300071
营销部电话:(022)23508339 23500755
营销部传真:(022)23508542 邮购部电话:(022)23502200
*
北京建宏印刷有限公司印刷
全国各地新华书店经销
*
2018 年 6 月第 1 版 2018 年 6 月第 1 次印刷
230×170 毫米 16 开本 11.5 印张 1 插页 190 千字
定价:40.00 元

如遇图书印装质量问题,请与本社营销部联系调换,电话:(022)23507125

前　言

本书是教育部人文社会科学研究规划基金项目（项目批准号：13YJAGJW009）的结项成果，同时受中国特色社会主义经济建设协同创新中心的资助，也是作者所在研究团队近年来所做研究的一个简要总结。

本书第一章回顾了金砖国家合作机制的形成历程以及金砖国家领导人会晤、金砖国家新开发银行、应急储备基金、工商理事会等具体合作机制的进展。第二章概括了金砖国家经济发展总体表现、各国经济发展概况及经济周期的波动特征。第三章利用因子分析探讨了金砖国家经济周期的协动性及其影响因素，研究认为2000年之后金砖国家经济周期波动存在比较明显的协动性，金砖国家经济周期协动性的出现在很大程度上是源自世界经济特别是先进经济体经济波动的冲击和发展中大国特征因素的综合作用。第四章进一步利用因子分析和聚类分析探讨了金砖国家通货膨胀周期的协动性及其影响因素，从而在一个侧面反映了金砖国家经济周期波动的关系及不同特点。第五章则利用马尔科夫区制转移模型探讨了金砖各国与美国经济周期的协动性，以便从另一个侧面反映金砖国家经济周期的波动特征以及与世界经济特别是发达经济体之间经济周期波动的互动关系。第六章则阐述了金砖国家经济周期协动性的启示，即金砖国家应该充分利用经济周期的协动性，通过“抱团取暖”方式提高新兴市场国家和发展中国家的代表性和发言权，推动国际经济新秩序和公正合理的全球治理模式构建，共同打造人类命运共同体。本书中部分内容和核心思想曾在《经济研究》《南开经济研究》以及《新兴经济体蓝皮书：金砖国家发展报告》等学术刊物发表，本书利用最新数据对这些思想和内容进行了重新检验，所得结果与原有研究基本一致，这在一定程度上反映了相关研究结论的稳健性。当然，本书的研究仍然是尝试性的探索，有关金砖国家经济周期协动性产生的很多具体影响因素和传导机制等问题尚需在今后的研究中进一步深化。

本书的出版受到教育部人文社会科学研究规划基金和中国特色社会主义

经济建设协同创新中心的资助，博士生魏玮、刘晓丹承担了部分数据处理工作，南开大学出版社领导和编辑为本书的出版提供了大力支持并付出了辛勤劳动，在此一并表示最衷心的感谢！

由于时间仓促，加之作者研究水平所限，书中错误和纰漏在所难免，敬请读者批评指教。

张兵

2017 年 12 月

目 录

第一章　金砖国家合作机制的形成及进展

本章回顾总结了金砖国家合作机制的形成历程以及金砖国家领导人会晤、金砖国家新开发银行、应急储备基金、工商理事会等具体合作机制的进展情况。

第一节　金砖国家合作机制的形成

金砖国家由中国、巴西、俄罗斯、印度和南非等五个国家组成，均为二十国集团（G20）成员，分布于亚洲、欧洲、美洲和非洲。2001 年，美国高盛公司（Goldman Sachs）的吉姆·奥尼尔（Jim O'Neill）在“世界需要更好的经济之砖”（The World Needs Better Economic BRICs）一文中首次提出了“金砖四国”（BRIC）的概念，囊括了中国、印度、巴西和俄罗斯等全球最大的四个新兴市场国家。2006 年第 61 届联合国大会期间，中国、巴西、俄罗斯和印度举行了首次金砖国家外长会晤，揭开了金砖国家合作的序幕。2009 年，首次金砖国家领导人会晤在俄罗斯叶卡捷琳堡举行。此后每年举行一次领导人会晤，迄今共举行了 9 次。2010 年 12 月，中国作为金砖国家轮值主席国，邀请南非加入金砖国家并出席 2011 年在中国举办的金砖国家领导人第三次会晤，“金砖四国”由此变为金砖国家（BRICS）。

如图 1-1、图 1-2 以及表 1-1 所示，2016 年五个金砖国家的国土面积占世界领土总面积的 29.4%，人口占世界总人口的 41.2%，国内生产总值（GDP）占世界总量的 22.38%，商品出口贸易额和进口贸易额分别占世界出口贸易总额和进口贸易总额的 18.20%和 14.61%，近年来对世界经济增长的贡献率超过 50%。金砖国家已经成为新兴市场经济体和发展中国家进行多边合作的一种新模式和全球经济治理的一个新平台，在世界经济中日益发挥举足轻重的作用。

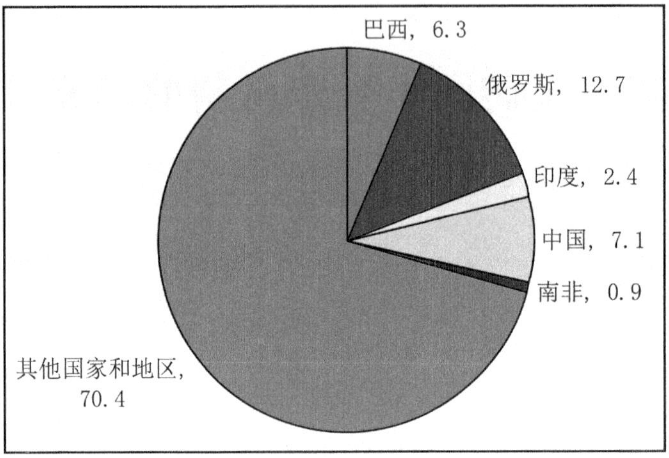

图 1-1 2016 年金砖国家国土面积占世界的比重（%）

资料来源：中华人民共和国国家统计局等.金砖国家联合统计手册 2017[M].北京：中国统计出版社，2017：19。

注：由于四舍五入，计算存在误差。

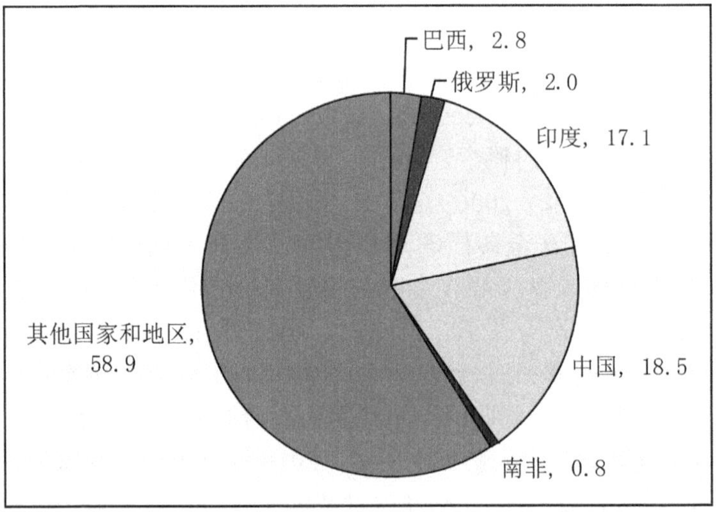

图 1-2 2016 年金砖国家人口占世界人口的比重（%）

资料来源：中华人民共和国国家统计局等.金砖国家联合统计手册 2017[M].北京：中国统计出版社，2017：19。

注：由于四舍五入，计算存在误差。

表 1-1 2016 年金砖国家 GDP 和贸易额占世界的比重（单位：亿美元；%）

	GDP		商品出口		商品进口	
	金额	占比	金额	占比	金额	占比
世界	752780.49	100	159550	100	162250	100
巴西	17986.2	2.39	1852.80	1.16	1434.74	0.88
俄罗斯	12807.3	1.70	2818.25	1.77	1914.06	1.18
印度	22564.0	3.00	2640.20	1.65	3590.65	2.21
中国	112182.81	14.90	20981.61	13.15	15874.31	9.78
南非	2941.32	0.39	750.91	0.47	915.80	0.56
金砖国家总计	168481.6	22.38	29043.77	18.20	23729.56	14.61

资料来源：IMF. World Economic Outlook Database, April 2017 和 WTO. Statistics Database, http://stat.wto.org/Statistical Program/WSDB View Data.aspx?Language=E。

第二节 金砖国家合作机制的进展

金砖国家合作机制成立十多年来，合作的领域持续拓展，合作的基础也日益巩固，已经形成了以领导人会晤为引领，以外交部部长、贸易部部长、财政部部长与央行行长会晤以及安全事务高级代表会议等部长级会议为支撑的合作机制；并建立了金砖国家新开发银行、应急储备基金、工商理事会、智库理事会等具体合作机制。在工商、经贸、财金、农业、教育、科技、文化、卫生、智库等数十个领域开展务实合作，在国际上日益产生重要影响。

一、金砖国家领导人会晤

2009 年 6 月，金砖国家领导人首次会晤在俄罗斯叶卡捷琳堡举行。这次会晤正式启动了金砖国家之间的合作机制。金砖国家领导人就世界经济金融形势、国际金融机构改革、粮食安全、能源安全、气候变化、发展援助、海利根达姆进程以及金砖国家未来对话与合作前景等议题交换了看法。本次会晤发表了《“金砖四国”领导人叶卡捷琳堡会晤联合声明》，呼吁提高新兴市场国家和发展中国家在国际金融机构中的发言权和代表性，同时还核准了《金砖国家关于全球粮食安全的联合声明》。

2010 年 4 月，金砖国家领导人第二次会晤在巴西首都巴西利亚举行。本次会晤的议题重点包括国际形势、国际金融危机、世界银行和国际货币基金组织等国际金融机构改革和高管遴选机制、二十国集团事务、气候变化、联合国改革、国际和地区热点问题、金砖国家对话与合作等。会晤发表了《金砖国家领导人第二次会晤联合声明》，商定了推动金砖国家合作和协调的具体措施。除领导人会晤外，巴西还举办了四国企业家论坛、银行联合体、合作社论坛、智库会议等一系列配套活动。

2011 年 4 月，金砖国家领导人第三次会晤在中国海南三亚举行，新成员南非领导人首次参加会晤。本次会晤的主题为“展望未来、共享繁荣”。会议讨论了国际形势、国际经济金融、发展问题、金砖国家合作等四大项议题，通过和发表了《三亚宣言》和行动计划，为金砖国家进一步拓展和深化合作奠定了良好基础。在领导人会晤期间，还平行举办了金砖国家智库会议、金砖国家银行合作机制年会暨金融论坛、金砖国家工商论坛以及金砖国家经贸部长会议等四场配套活动。

2012 年 3 月，金砖国家领导人第四次会晤在印度新德里举行。本次会晤的主题为“金砖国家致力于全球稳定、安全和繁荣的伙伴关系”。与会领导人就全球治理、可持续发展、金砖国家合作等议题深入交换意见，达成了广泛共识。会晤发表了《德里宣言》和行动计划，反映了五国在国际问题上的重要共识并规划了未来合作。本次会议期间还发布了第一份“金砖国家经济研究报告”，介绍了金砖国家的发展前景、合作程度以及互补领域，以促进金砖国家在后金融危机时代的全球经济中发挥更为重要的作用。

2013 年 3 月，金砖国家领导人第五次会晤在南非德班举行。本次会晤的主题是“金砖国家与非洲：致力于发展、一体化和工业化的伙伴关系”。会议通过了《德班宣言》及行动计划，决定设立金砖国家新开发银行和金砖国家应急储备安排，宣布成立金砖国家工商理事会和智库理事会。会晤期间还举行了金砖国家领导人同非洲国家领导人对话会。

2014 年 7 月，金砖国家领导人第六次会晤在巴西福塔莱萨举行。本次会晤的主题为“实现包容性增长的可持续解决方案”。与会领导人主要讨论了两项议题，一是政治协调：全球治理和地区危机，二是可持续发展和包容性增长。领导人会晤后发表了《福塔莱萨宣言》，签署了关于成立金砖国家新开发银行的协议和关于成立金砖国家应急储备安排的条约。本次会晤还举行了金砖国家和南美国家领导人对话会。

2015 年 7 月，金砖国家领导人第七次会晤在俄罗斯乌法举行，主题是“金砖国家伙伴关系——全球发展的强有力因素”，议题包括共同关心的全球政治和经济问题、加强和拓展金砖国家合作等。领导人会晤后发表了《乌法宣言》和行动计划，通过了金砖国家经济伙伴战略。会晤期间，金砖国家领导人还同上海合作组织成员国和观察员国、欧亚经济联盟、受邀国领导人和国际组织负责人举行对话会，并同金砖国家工商理事会代表对话。

2016 年 10 月，金砖国家领导人第八次会晤在印度果阿举行。本次会晤的主题是“打造有效、包容、共同的解决方案”，议题包括国际政治经济形势、全球治理、打击恐怖主义、气候变化和可持续发展目标、金砖国家合作、促进人文交流等。领导人会晤后发表了《果阿宣言》和行动计划，积极评价金砖国家合作 10 年取得的丰硕成果，重申加强金砖国家伙伴关系。会晤期间还举行了金砖国家和环孟加拉湾多领域经济技术合作倡议成员国领导人对话会。

2017 年 9 月，金砖国家领导人第九次会晤在中国厦门举行。五国领导人围绕“深化金砖伙伴关系，开辟更加光明未来”的主题，就国际和平与安全形势、全球经济治理、金砖经济务实合作与人文交流、国际和地区热点问题等深入交换看法，达成一系列共识。领导人会晤后发表了《厦门宣言》，回顾了金砖国家合作 10 年历程，重申了互尊互谅、平等相待、团结互助、开放包容、互惠互利的金砖精神，强调开辟金砖国家团结合作的第二个“金色十年”，为金砖合作未来发展规划了蓝图、指明了方向。会晤期间还举行了新兴市场国家与发展中国家对话会、金砖国家工商论坛、金砖国家领导人同工商理事会对话会等活动。

金砖国家领导人第十次会晤将于 2018 年在南非举行。

除了已经举行的金砖国家领导人正式会晤之外①，金砖国家领导人还分别于二十国集团领导人 2011 年 11 月戛纳峰会、2012 年 6 月洛斯卡沃斯峰会、2013 年 9 月圣彼得堡峰会、2014 年 11 月布里斯班峰会、2015 年 11 月安塔利亚峰会、2016 年 9 月杭州峰会以及 2017 年 7 月汉堡峰会期间举行非正式会晤，就共同关心的国际和地区问题交换意见。

可以说，在领导人会晤的引领下，金砖国家合作机制不断完善，已经发展成为新兴市场和发展中国家在经济、金融和发展领域交流与对话的重要平台，成为完善全球经济治理、加强国际关系民主化和多边主义、带动全球经

---

① 金砖国家领导人历次会晤发表的声明和宣言详见附录 1。

济增长的重要力量，全球影响力日益增强。

二、金砖国家新开发银行

金砖国家新开发银行又名金砖银行，是金砖国家合作机制不断深化的重要体现和具体载体。成立金砖国家新开发银行是在 2012 年被提出的。由于自 2008 年国际金融危机以来，美国经济和金融政策的变动导致国际金融市场资金流动的波动，对包括金砖国家在内的新兴市场国家的货币币值稳定造成了很大影响，而靠国际货币基金组织的资金救助则存在不及时、力度不够和附加政治条件等问题。因此金砖国家希望设立金砖国家新开发银行和应急储备安排，以便构筑一个共同的金融安全网，借助应急储备安排避免在今后的金融危机中受到货币不稳定的冲击和影响。同时也能为金砖国家、其他新兴市场和发展中国家的基础设施和可持续发展项目筹集资金，作为对全球增长和发展领域的现有多边和区域金融机构的补充。

2013 年 3 月，金砖国家第五次领导人会晤决定设立金砖国家新开发银行和金砖国家应急储备安排，简化金砖国家间的相互结算与贷款业务，从而减少对美元和欧元等货币的依赖。2014 年 7 月举行的金砖国家领导人第六次会晤签署了关于成立金砖国家新开发银行的协议和关于成立金砖国家应急储备安排的条约，发表的《福塔莱萨宣言》宣布，金砖国家新开发银行初始资本为 1000 亿美元，由五个创始成员平均出资，总部设在中国上海。2015 年 7 月 21 日，金砖国家新开发银行正式开业。2017 年 9 月 4 日，在金砖国家领导人第九次会晤期间，中国向金砖国家新开发银行项目准备基金捐赠仪式在中国厦门举行。中国财政部副部长史耀斌与新开发银行行长卡马特签署了中国捐赠 400 万美元的协议。中国是首个向该项目准备基金出资的创始成员国。该基金将为新开发银行项目运行打造更高效的环境，用于相关项目的可行性研究、帮助制订国家间伙伴关系计划、开展项目周期调研等。

截至 2017 年 9 月，金砖国家新开发银行自成立以来已经批准了 11 个贷款项目，贷款总金额超过 30 亿美元。其中，大部分资金投入到了太阳能、风能、小型水电、绿色能源传输等可持续发展项目。预计到 2018 年年底，金砖国家新开发银行的贷款总额将会达到 80 亿美元。①

---

① 新华网. http://news.xinhua net.com/world/2017-09/05/c_1121607648.htm?ad=1.

三、金砖国家工商理事会

金砖国家工商理事会于 2013 年 3 月 27 日在南非德班举行的金砖国家领导人第五次会晤期间成立。理事会由提名产生的来自金砖五国的 25 名成员组成，每个成员国 5 名，分别代表工业和服务业的不同领域。《金砖国家工商理事会成立宣言》（Declaration on the establishment of the BRICS Business Council）指出，金砖国家工商理事会的宗旨是加强和促进五个金砖国家工商界间经济、贸易、商务和投资联系，确保金砖国家工商界与政府间的定期对话，厘清阻碍金砖国家加强经济、贸易和投资联系的问题和瓶颈，并提出解决方案。合作领域将涵盖包括基础设施建设、矿业及选矿、制药业、农产品加工、服务业（包括金融、信息通信技术、卫生保健、旅游）、制造业、可持续发展等在内的各个领域。根据金砖国家工商理事会《章程》，金砖国家工商理事会将围绕有利于推动贸易、商业和投资往来的关键行业与领域建立工作小组。每个金砖国家将选择重要的 CEO 或商界领袖加入并服务于工作小组工作。这些工作小组将为金砖国家工商理事会建言献策，推动理事会与金砖国家政府更好地探讨与交流。金砖国家工商理事会下现设七个行业与领域工作小组，分别为：

（1）基础设施工作小组；

（2）能源与绿色经济工作小组；

（3）金融服务工作小组；

（4）制造业工作小组；

（5）技能发展工作小组；

（6）农业经济工作小组；

（7）放松管制与投资支持工作小组。

目前，金砖国家工商理事会正在积极拓展影响范围，为促成具体项目的务实合作不断努力，从而使金砖国家合作机制不断得以巩固和深化。

第二章　金砖国家经济发展表现及经济周期的波动特征

本章概括金砖国家经济发展总体表现、各国经济发展概况及其经济周期的波动特征。

第一节　金砖国家经济发展总体表现

一、经济增长

金砖国家作为新兴市场和发展中国家，近年来经济总体保持了持续较快增长的局面。如表 2-1 所示，1980—2017 年，金砖国家中的中国和印度实际 GDP 年均增长率分别高达 9.6%和 6.3%，不仅明显超过美国、日本等发达国家和其他发展中国家的经济增速，也远远高于世界经济年均 3.5%的增速。特别是自 2006 年金砖国家合作机制成立以来，五个金砖国家中国、印度、巴西、俄罗斯和南非的实际 GDP 年均增长率分别为 9.1%、7.5%、2.1%、2.2%和 2.3%，普遍高于美国（1.5%）、日本（0.7%）、德国（1.5%）、英国（1.3%）等发达国家的经济增长速度。近十年来金砖国家对世界经济增长的贡献率超过 50%。特别是中国，在 2013—2016 年对世界经济增长的平均贡献率达到 30%左右，超过了美国、欧元区和日本贡献率的总和，居世界第一位。[①]

① 中华人民共和国国家统计局. 新理念引领新常态 新实践谱写新篇章——党的十八大以来我国经济社会发展成就辉煌[EB/OL]. http://www.stats.gov.cn/tjsj/zxfb/201710/t20171010_1540653.html.

表 2-1　世界、部分高收入国家和金砖国家实际 GDP 增长率（单位：%）

年份	世界	美国	日本	德国	英国	澳大利亚	韩国	中国	印度	巴西	俄罗斯	南非
1980	2.1	-0.2	3.2	1.3	-2.0	2.9	-1.7	7.9	5.3	9.2	—	6.6
1981	1.9	2.6	4.2	0.1	-0.8	4.1	7.2	5.1	6.0	-4.4	—	5.4
1982	0.7	-1.9	3.4	-0.8	2.0	0.1	8.3	9.0	3.5	0.6	—	-0.4
1983	2.7	4.6	3.1	1.6	4.2	-0.5	13.2	10.8	7.3	-3.4	—	-1.8
1984	4.6	7.3	4.5	2.8	2.3	6.3	10.4	15.2	3.8	5.3	—	5.1
1985	3.8	4.2	6.3	2.2	4.2	5.5	7.8	13.5	5.3	7.9	—	-1.2
1986	3.6	3.5	2.8	2.4	3.2	2.4	11.2	8.9	4.8	7.5	—	0.0
1987	3.9	3.5	4.1	1.5	5.4	4.9	12.5	11.7	4.0	3.6	—	2.1
1988	4.7	4.2	7.1	3.7	5.8	4.3	11.9	11.3	9.6	0.3	—	4.2
1989	3.9	3.7	5.4	3.9	2.6	4.6	7.0	4.2	5.9	3.2	—	2.4
1990	3.4	1.9	5.6	5.7	0.7	1.5	9.8	3.9	5.5	-4.2	—	-0.3
1991	2.6	-0.1	3.3	5.0	-1.1	-1.0	10.4	9.2	1.1	1.0	—	-1.0
1992	2.3	3.6	0.8	1.5	0.4	2.7	6.2	14.3	5.5	-0.5	—	-2.1
1993	2.1	2.7	0.2	-1.0	2.5	4.0	6.8	13.9	4.8	4.7	-8.7	1.2
1994	3.2	4.0	0.9	2.5	3.9	4.9	9.2	13.1	6.7	5.3	-12.7	3.2
1995	3.4	2.7	2.7	1.8	2.5	2.9	9.6	11.0	7.6	4.4	-4.1	3.1
1996	3.9	3.8	3.1	0.9	2.5	4.3	7.6	9.9	7.6	2.2	-3.6	4.3
1997	4.0	4.5	1.1	1.9	3.1	4.3	5.9	9.2	4.1	3.4	1.4	2.6
1998	2.5	4.5	-1.1	1.8	3.2	4.7	-5.5	7.8	6.2	0.3	-5.3	0.5
1999	3.6	4.7	-0.3	1.8	3.3	4.3	11.3	7.6	8.5	0.5	6.4	2.4
2000	4.8	4.1	2.8	3.2	3.7	3.2	8.9	8.4	4.0	4.4	10.0	4.2
2001	2.5	1.0	0.4	1.8	2.7	2.5	4.5	8.3	4.9	1.4	5.1	2.7
2002	3.0	1.8	0.1	0.0	2.4	4.0	7.4	9.1	3.9	3.1	4.7	3.7
2003	4.3	2.8	1.5	-0.7	3.5	3.0	2.9	10.0	7.9	1.1	7.3	2.9
2004	5.4	3.8	2.2	0.7	2.5	4.1	4.9	10.1	7.8	5.8	7.2	4.6
2005	4.9	3.3	1.7	0.9	3.0	3.2	3.9	11.3	9.3	3.2	6.4	5.3
2006	5.5	2.7	1.4	3.9	2.5	2.7	5.2	12.7	9.3	4.0	8.2	5.6
2007	5.6	1.8	1.7	3.4	2.6	4.5	5.5	14.2	9.8	6.1	8.5	5.4
2008	3.0	-0.3	-1.1	0.8	-0.6	2.6	2.8	9.6	3.9	5.1	5.2	3.2
2009	-0.1	-2.8	-5.4	-5.6	-4.3	1.7	0.7	9.2	8.5	-0.1	-7.8	-1.5
2010	5.4	2.5	4.2	4.0	1.9	2.3	6.5	10.6	10.3	7.5	4.5	3.0

续表

年份	世界	美国	日本	德国	英国	澳大利亚	韩国	中国	印度	巴西	俄罗斯	南非
2011	4.2	1.6	−0.1	3.7	1.5	2.7	3.7	9.5	6.6	4.0	4.0	3.3
2012	3.5	2.2	1.5	0.7	1.3	3.6	2.3	7.9	5.5	1.9	3.5	2.2
2013	3.4	1.7	2.0	0.6	1.9	2.1	2.9	7.8	6.5	3.0	1.3	2.5
2014	3.5	2.4	0.3	1.6	3.1	2.8	3.3	7.3	7.2	0.5	0.7	1.7
2015	3.4	2.6	1.1	1.5	2.2	2.4	2.8	6.9	8.0	−3.8	−2.8	1.3
2016	3.1	1.6	1.0	1.8	1.8	2.5	2.8	6.7	7.1	−3.6	−0.2	0.3
2017	3.5	2.1	1.3	1.8	1.7	3.1	2.7	6.7	7.2	0.3	1.4	1.0
平均	3.5	2.6	2.0	1.7	2.1	3.2	6.1	9.6	6.3	2.4	1.6	2.3

资料来源：IMF, World Economic Outlook Database, April 2017 和 World Economic Outlook Update, July 2017。

注：2017 年的数据为预测值。

如表 2-2 和表 2-3 所示，随着经济持续较快增长，中国 GDP 由 1980 年的 3053.5 亿美元增长为 2017 年的 11.8 万亿美元，增长 37.6 倍，在世界 GDP 总额中的比重由 2.74%上升为 15.12%。同期，印度 GDP 由 1980 年的 1894.4 亿美元增长为 2017 年的 2.45 万亿美元，增长 11.96 倍，在世界 GDP 总额中的比重由 1.70%上升为 3.15%；巴西 GDP 也由 1980 年的 1521.5 亿美元增长为 2017 年的 2.14 万亿美元，增长 13.1 倍，在世界 GDP 总额中的比重由 1.37%上升为 2.75%。俄罗斯 GDP 由 1992 年的 919.4 亿美元增长为 2017 年的 1.56 万亿美元，增长 15.98 倍，在世界 GDP 总额中的比重由 0.37%上升为 2.00%。南非 GDP 则由 1980 年的 829.8 亿美元增长为 2017 年的 3175.7 亿美元，增长 2.8 倍，在世界 GDP 总额中的比重由 0.75%下降为 0.41%。若按购买力平价 GDP 计算，如表 2-4 所示，中国和印度占世界的比重分别由 1980 年的 2.33%和 2.91%上升为 2017 年的 18.31%和 7.49%，而同期巴西和南非占世界的比重则分别由 4.34%和 1.03%下降为 2.54%和 0.60%，俄罗斯占世界的比重也由 1992 年的 5.20%下降为 2017 年的 3.11%。

表 2-2　世界及金砖国家 GDP（单位：10 亿美元）

年份	世界	中国	印度	巴西	俄罗斯	南非
1980	11 137.41	305.35	189.44	152.15	—	82.98
1981	11 394.85	290.72	196.54	174.86	—	85.46
1982	11 180.74	286.73	203.54	186.95	—	78.42

续表

年份	世界	中国	印度	巴西	俄罗斯	南非
1983	11 482.71	307.68	222.05	149.89	—	87.42
1984	11 896.25	316.67	215.56	149.17	—	77.32
1985	12 456.43	312.62	237.62	236.80	—	59.10
1986	14 672.67	303.34	252.75	274.69	—	67.56
1987	16 881.39	330.30	283.75	298.99	—	88.57
1988	18 982.92	411.92	299.65	334.01	—	95.21
1989	20 002.85	461.07	300.19	458.53	—	99.04
1990	23 472.40	398.62	326.61	475.12	—	115.53
1991	24 352.85	415.60	274.84	416.60	—	123.96
1992	25 184.60	495.67	293.26	399.08	91.94	134.56
1993	25 891.61	623.05	284.19	447.83	197.43	134.35
1994	27 812.15	566.47	333.01	558.37	297.49	139.80
1995	30 987.30	736.87	366.60	786.48	336.82	155.46
1996	31 847.24	867.22	399.79	850.80	420.97	147.70
1997	31 770.28	965.32	423.19	883.53	435.11	152.61
1998	31 615.56	1 032.58	428.77	864.02	291.23	137.69
1999	32 723.34	1 097.13	466.84	599.44	210.49	136.55
2000	33 819.98	1 214.91	476.64	655.45	279.03	136.45
2001	33 567.76	1 344.10	493.93	559.98	329.41	121.60
2002	34 698.82	1 477.48	523.77	509.80	371.21	115.75
2003	38 981.88	1 671.07	618.37	558.23	462.33	175.25
2004	43 884.47	1 966.22	721.59	669.29	635.00	228.93
2005	47 532.87	2 308.79	834.22	891.63	820.57	257.67
2006	51 457.55	2 774.31	949.12	1 107.63	1 063.64	271.81
2007	58 052.03	3 571.45	1 238.70	1 397.11	1 396.48	299.03
2008	63 650.74	4 604.29	1 224.10	1 695.86	1 784.51	287.10
2009	60 279.11	5 121.68	1 365.37	1 669.20	1 313.68	297.22
2010	65 899.81	6 066.35	1 708.46	2 208.70	1 638.46	375.30
2011	73 083.78	7 522.10	1 822.99	2 614.03	2 031.77	416.88
2012	74 437.72	8 570.35	1 828.12	2 464.05	2 170.15	396.35
2013	76 458.18	9 635.03	1 857.24	2 471.72	2 230.62	367.77

续表

年份	世界	中国	印度	巴西	俄罗斯	南非
2014	78 519.56	10 534.53	2 033.65	2 456.05	2 063.66	351.57
2015	74 196.85	11 226.19	2 088.16	1 801.48	1 365.87	314.73
2016	75 278.05	11 218.28	2 256.40	1 798.62	1 280.73	294.13
2017	77 988.03	11 795.30	2 454.46	2 140.94	1 560.71	317.57

资料来源：IMF. World Economic Outlook Database, April 2017。

注：2017 年的数据为预测值。

表 2-3　金砖国家 GDP 占世界的比重（单位：%）

年份	中国	印度	巴西	俄罗斯	南非
1980	2.74	1.70	1.37	—	0.75
1981	2.55	1.72	1.53	—	0.75
1982	2.56	1.82	1.67	—	0.70
1983	2.68	1.93	1.31	—	0.76
1984	2.66	1.81	1.25	—	0.65
1985	2.51	1.91	1.90	—	0.47
1986	2.07	1.72	1.87	—	0.46
1987	1.96	1.68	1.77	—	0.52
1988	2.17	1.58	1.76	—	0.50
1989	2.31	1.50	2.29	—	0.50
1990	1.70	1.39	2.02	—	0.49
1991	1.71	1.13	1.71	—	0.51
1992	1.97	1.16	1.58	0.37	0.53
1993	2.41	1.10	1.73	0.76	0.52
1994	2.04	1.20	2.01	1.07	0.50
1995	2.38	1.18	2.54	1.09	0.50
1996	2.72	1.26	2.67	1.32	0.46
1997	3.04	1.33	2.78	1.37	0.48
1998	3.27	1.36	2.73	0.92	0.44
1999	3.35	1.43	1.83	0.64	0.42
2000	3.59	1.41	1.94	0.83	0.40
2001	4.00	1.47	1.67	0.98	0.36
2002	4.26	1.51	1.47	1.07	0.33

续表

年份	中国	印度	巴西	俄罗斯	南非
2003	4.29	1.59	1.43	1.19	0.45
2004	4.48	1.64	1.53	1.45	0.52
2005	4.86	1.76	1.88	1.73	0.54
2006	5.39	1.84	2.15	2.07	0.53
2007	6.15	2.13	2.41	2.41	0.52
2008	7.23	1.92	2.66	2.80	0.45
2009	8.50	2.27	2.77	2.18	0.49
2010	9.21	2.59	3.35	2.49	0.57
2011	10.29	2.49	3.58	2.78	0.57
2012	11.51	2.46	3.31	2.92	0.53
2013	12.60	2.43	3.23	2.92	0.48
2014	13.42	2.59	3.13	2.63	0.45
2015	15.13	2.81	2.43	1.84	0.42
2016	14.90	3.00	2.39	1.70	0.39
2017	15.12	3.15	2.75	2.00	0.41

资料来源：根据表 2-2 中的数据计算。

注：2017 年的数据为预测值。

表 2-4　金砖国家购买力平价 GDP 及占世界的比重（单位：10 亿国际美元；%）

年份	中国		印度		巴西		俄罗斯		南非	
	金额	占比	金额	占比	金额	占比	金额	占比	金额	占比
1980	305.95	2.33	381.96	2.91	570.25	4.34	—	—	134.67	1.03
1981	351.57	2.41	442.71	3.03	596.06	4.08	—	—	155.13	1.06
1982	406.99	2.61	486.52	3.12	636.82	4.09	—	—	164.13	1.05
1983	468.75	2.82	542.59	3.27	639.45	3.85	—	—	167.46	1.01
1984	559.16	3.11	583.31	3.25	697.28	3.88	—	—	182.24	1.02
1985	654.95	3.41	633.60	3.30	776.45	4.04	—	—	185.79	0.97
1986	727.63	3.58	677.25	3.34	851.86	4.20	—	—	189.57	0.93
1987	833.50	3.86	722.08	3.34	905.06	4.19	—	—	198.50	0.92
1988	960.16	4.11	819.31	3.50	939.22	4.02	—	—	214.07	0.92
1989	1 039.39	4.12	901.79	3.58	1 006.97	4.00	—	—	227.72	0.90
1990	1 119.87	4.12	986.90	3.63	1 000.68	3.68	—	—	235.40	0.87

续表

年份	中国		印度		巴西		俄罗斯		南非	
	金额	占比	金额	占比	金额	占比	金额	占比	金额	占比
1991	1 263.60	4.39	1 030.52	3.58	1 044.66	3.63	—	—	240.75	0.84
1992	1 477.23	4.51	1 111.80	3.39	1 063.48	3.24	1 703.04	5.20	240.98	0.74
1993	1 722.59	5.03	1 192.32	3.48	1 139.57	3.33	1 591.86	4.65	249.76	0.73
1994	1 989.71	5.53	1 298.78	3.61	1 225.91	3.41	1 419.27	3.94	263.32	0.73
1995	2 254.64	5.92	1 426.30	3.74	1 306.76	3.43	1 389.47	3.65	277.19	0.73
1996	2 523.08	6.27	1 561.98	3.88	1 360.00	3.38	1 363.78	3.39	294.40	0.73
1997	2 802.37	6.57	1 653.06	3.88	1 430.24	3.35	1 406.29	3.30	307.37	0.72
1998	3 053.74	6.90	1 774.34	4.01	1 450.65	3.28	1 345.57	3.04	312.31	0.71
1999	3 336.11	7.18	1 953.95	4.20	1 479.75	3.18	1 452.93	3.13	324.57	0.70
2000	3 698.62	7.42	2 077.84	4.17	1 579.82	3.17	1 635.28	3.28	345.75	0.69
2001	4 096.90	7.85	2 230.28	4.27	1 638.29	3.14	1 757.68	3.37	363.30	0.70
2002	4 538.33	8.32	2 353.00	4.31	1 714.23	3.14	1 869.33	3.43	382.41	0.70
2003	5 091.71	8.80	2 590.57	4.48	1 768.36	3.05	2 046.72	3.54	401.53	0.69
2004	5 760.13	9.20	2 870.73	4.59	1 921.64	3.07	2 253.91	3.60	431.37	0.69
2005	6 617.29	9.78	3 238.20	4.78	2 046.98	3.02	2 474.76	3.66	468.74	0.69
2006	7 686.84	10.46	3 646.91	4.96	2 193.47	2.98	2 758.78	3.75	510.22	0.69
2007	9 011.95	11.33	4 110.92	5.17	2 388.52	3.00	3 073.92	3.86	551.87	0.69
2008	10 070.85	12.06	4 354.65	5.22	2 559.44	3.07	3 298.70	3.95	580.65	0.70
2009	11 080.89	13.23	4 759.79	5.68	2 575.63	3.08	3 063.80	3.66	576.06	0.69
2010	12 405.88	13.90	5 312.26	5.95	2 803.37	3.14	3 240.91	3.63	600.83	0.67
2011	13 864.86	14.63	5 781.84	6.10	2 974.96	3.14	3 441.69	3.63	633.37	0.67
2012	15 235.77	15.30	6 211.27	6.24	3 087.96	3.10	3 628.40	3.64	659.31	0.66
2013	16 689.40	15.96	6 724.37	6.43	3 232.12	3.09	3 734.17	3.57	686.64	0.66
2014	18 228.36	16.56	7 336.19	6.66	3 306.57	3.00	3 828.32	3.48	710.81	0.65
2015	19 695.74	17.15	8 003.41	6.97	3 216.17	2.80	3 759.69	3.27	727.79	0.63
2016	21 291.77	17.76	8 662.35	7.23	3 141.34	2.62	3 799.70	3.17	739.42	0.62
2017	23 194.41	18.31	9 489.30	7.49	3 216.03	2.54	3 938.00	3.11	761.93	0.60

资料来源：IMF. World Economic Outlook Database, April 2017。

注：2017 年的数据为预测值。

2003 年 10 月，美国高盛公司曾在题为《与金砖一起梦想：通向 2050 之路》（*Dreaming with BRICs:The Path to 2050*）的全球经济报告中预测，金砖国家将于2050年统领世界经济的发展，其中巴西将于2025年取代意大利的经济位置，并于2031年超越法国；俄罗斯将于2027年超越英国，2028年超越德国；如果不出意外的话，中国可能会在2041年超越美国从而成为世界第一经济大国，印度可能在2032年超越日本；金砖国家合计的GDP可能在2041年超过西方六大工业国（七国集团中除去加拿大），这样，到2050年，世界经济格局将会发生翻天覆地的变化，全球新的六大经济体将依次变成中国、美国、印度、日本、巴西和俄罗斯。2005年12月，高盛发布的新报告《金砖有多稳固》（*How Solid are the BRICs*）认为，金砖国家看起来确实比其他发展中国家（无论大小）的进步要快。高盛由此调整其预测：中国将在2040年超越美国，而由于日本的经济状况有所改善，印度将在2033年超越日本。事实上，如果按照购买力平价GDP进行计算，如表2-4和表2-5所示，中国的经济规模早在1999年即已超越日本，并于2014年超越了美国；印度于2004年超越德国，2009年超越日本；巴西于2005年超越了英国和法国；俄罗斯也曾于2008年、2012年、2013年和2014年超越了德国。

表2-5　七国集团购买力平价GDP（单位：10亿国际美元）

年份	美国	日本	德国	英国	法国	意大利	加拿大
1980	2 862.48	1 027.02	866.22	498.56	578.36	594.54	287.25
1981	3 210.95	1 169.82	948.15	540.86	639.18	655.55	325.08
1982	3 345.00	1 284.35	999.04	586.00	695.87	699.10	334.19
1983	3 638.13	1 375.91	1 054.62	634.84	732.43	735.19	356.41
1984	4 040.70	1 488.34	1 122.91	672.32	769.98	785.84	390.93
1985	4 346.75	1 633.24	1 184.25	722.89	807.52	833.68	422.54
1986	4 590.13	1 713.34	1 237.33	760.72	843.17	874.81	440.38
1987	4 870.23	1 829.24	1 287.55	821.95	886.98	925.78	470.12
1988	5 252.63	2 028.58	1 382.41	899.95	961.48	998.37	508.12
1989	5 657.70	2 220.64	1 492.36	959.10	1 042.35	1 072.34	540.15
1990	5 979.58	2 431.09	1 636.13	1 001.70	1 112.41	1 134.83	560.99
1991	6 174.05	2 595.52	1 775.31	1 023.46	1 161.38	1 190.58	567.34
1992	6 539.30	2 676.43	1 843.28	1 050.56	1 206.85	1 227.14	585.40
1993	6 878.70	2 744.79	1 868.54	1 102.52	1 227.99	1 245.17	615.24
1994	7 308.78	2 827.42	1 956.70	1 169.73	1 283.55	1 299.04	656.57
1995	7 664.05	2 965.54	2 033.71	1 224.05	1 337.64	1 356.58	688.21

续表

年份	美国	日本	德国	英国	法国	意大利	加拿大
1996	8 100.18	3 113.27	2 088.57	1 278.16	1 380.95	1 399.11	712.06
1997	8 608.53	3 200.66	2 164.73	1 340.70	1 437.43	1 449.18	755.25
1998	9 089.15	3 198.87	2 227.07	1 398.49	1 504.70	1 488.58	793.08
1999	9 660.63	3 239.64	2 302.95	1 466.51	1 579.78	1 534.94	846.79
2000	10 284.75	3 405.45	2 430.43	1 556.05	1 678.33	1 628.11	910.95
2001	10 621.83	3 497.21	2 531.38	1 634.90	1 750.13	1 694.72	948.20
2002	10 977.53	3 555.09	2 570.86	1 699.79	1 796.88	1 725.01	991.74
2003	11 510.68	3 681.39	2 603.34	1 793.78	1 847.72	1 762.07	1 029.75
2004	12 274.93	3 866.03	2 693.59	1 889.70	1 951.44	1 839.17	1 090.71
2005	13 093.70	4 056.76	2 804.58	2 008.47	2 046.60	1 916.37	1 161.85
2006	13 855.90	4 240.79	3 002.74	2 122.00	2 159.59	2 014.89	1 228.96
2007	14 477.63	4 425.65	3 186.68	2 234.14	2 269.41	2 098.99	1 287.69
2008	14 718.58	4 463.13	3 275.70	2 263.68	2 318.45	2 117.69	1 326.09
2009	14 418.73	4 253.41	3 116.82	2 182.16	2 267.34	2 016.79	1 296.74
2010	14 964.40	4 485.87	3 279.53	2 251.12	2 340.16	2 075.86	1 353.06
2011	15 517.93	4 573.19	3 471.83	2 332.27	2 438.12	2 130.93	1 424.37
2012	16 155.25	4 727.06	3 560.05	2 406.42	2 487.57	2 109.01	1 475.93
2013	16 691.50	4 899.49	3 638.97	2 492.01	2 542.31	2106.03	1 536.89
2014	17 393.10	5 003.95	3 763.23	2 614.52	2 604.31	2 146.18	1 604.54
2015	18 036.65	5 118.68	3 860.11	2 700.63	2 665.86	2 186.26	1 637.07
2016	18 569.10	5 237.79	3 980.28	2 785.56	2 733.68	2 234.50	1 682.36
2017	19 417.14	5 420.23	4 134.67	2 905.39	2 833.06	2 303.11	1 752.91

资料来源：IMF. World Economic Outlook Database, April 2017。

注：2017 年的数据为预测值。

从人均 GDP 来看，如表 2-6 所示，尽管中国和印度经济增速较快，但由于人口众多，两国人均 GDP 与世界平均水平相比仍存在较大差距，特别是印度，在 2015 年的人均 GDP 只相当于世界平均水平的 15.8%。若按购买力平价人均 GDP 计算，如表 2-7 和表 2-8 所示，不论是依据世界银行的统计数据还是国际货币基金组织的统计数据，俄罗斯的人均 GDP 明显高于世界平均水平，中国、巴西和南非的人均 GDP 与世界平均水平接近，而印度的人均 GDP 与世界平均水平相比仍存在较大差距。

表 2-6 世界和金砖国家人均 GDP（单位：美元）

年份	世界	中国	印度	巴西	俄罗斯	南非
1960	450.52	89.52	83.79	209.20	—	423.25
1961	462.45	75.81	87.03	203.96	—	433.76
1962	488.27	70.91	91.66	258.76	—	451.35
1963	514.96	74.31	103.14	290.06	—	487.77
1964	552.86	85.50	117.84	259.47	—	521.62
1965	590.26	98.49	121.70	259.00	—	555.28
1966	627.00	104.32	91.80	312.88	—	590.15
1967	653.74	96.59	98.26	344.29	—	642.03
1968	691.26	91.47	101.86	371.39	—	677.23
1969	745.55	100.13	109.76	400.26	—	744.10
1970	801.93	113.16	114.66	440.99	—	795.78
1971	867.50	118.65	120.95	500.03	—	855.38
1972	980.14	131.88	125.42	580.49	—	874.32
1973	1 170.98	157.09	146.63	767.31	—	1 166.47
1974	1 324.63	160.14	166.72	993.29	—	1 426.77
1975	1 447.92	178.34	161.17	1 140.90	—	1 437.73
1976	1 547.61	165.41	164.29	1 374.54	—	1 346.04
1977	1 720.29	185.42	189.92	1 548.40	—	1 458.68
1978	1 989.78	156.40	209.79	1 723.14	—	1 637.85
1979	2 271.88	183.99	228.48	1 885.09	—	1 972.38
1980	2 513.49	194.81	271.92	1 923.28	—	2 770.11
1981	2 534.44	197.07	275.92	2 106.68	—	2 911.07
1982	2 468.20	203.34	279.66	2 199.70	—	2 616.15
1983	2 480.61	225.43	297.16	1 551.77	—	2 738.47
1984	2 530.86	250.71	282.32	1 560.46	—	2 644.61
1985	2 616.04	294.46	302.51	1 629.26	—	2 033.32
1986	3 042.26	281.93	316.85	1 919.86	—	2 356.81
1987	3 400.19	251.81	347.43	2 064.65	—	3 018.44
1988	3 740.68	283.54	361.45	2 276.24	—	3 256.95
1989	3 859.69	310.88	353.26	2 879.50	3 428.76	3 473.02
1990	4 266.58	317.89	375.15	3 071.63	3 485.11	3 044.42

续表

年份	世界	中国	印度	巴西	俄罗斯	南非
1991	4 444.80	333.14	309.33	3 942.40	3 485.06	3 189.66
1992	4 646.66	366.46	323.52	2 578.21	3 095.66	3 377.09
1993	4 655.61	377.39	307.41	2 774.17	2 929.46	3 389.99
1994	4 934.48	473.49	353.29	3 482.53	2 663.39	3 445.70
1995	5 404.27	609.66	381.53	4 827.15	2 665.74	3 752.65
1996	5 444.62	709.41	408.24	5 144.64	2 643.90	3 496.97
1997	5 348.04	781.74	424.09	5 260.46	2 737.56	3 555.00
1998	5 258.37	828.58	421.82	5 065.34	1 834.85	3 161.13
1999	5 382.17	873.29	451.09	3 461.61	1 330.75	3 088.86
2000	5 485.13	959.37	452.41	3 728.51	1 771.59	3 037.22
2001	5 381.71	1 053.11	460.83	3 135.16	2 100.36	2 681.70
2002	5 517.08	1 148.51	480.62	2 805.72	2 375.06	2 518.40
2003	6 118.45	1 288.64	557.90	3 040.51	2 975.13	3 775.61
2004	6 804.69	1 508.67	640.60	3 596.22	4 102.37	4 863.52
2005	7 275.40	1 753.42	729.00	4 730.65	5 323.47	5 414.64
2006	7 780.44	2 099.23	816.73	5 808.34	6 920.19	5 631.71
2007	8 651.19	2 695.37	1 018.13	7 246.87	9 101.25	6 125.04
2008	9 372.51	3 471.25	991.52	8 706.82	11 635.26	5 786.60
2009	8 776.96	3 838.43	1 090.36	8 474.88	8 562.81	5 888.60
2010	9 510.80	4 560.51	1 345.72	11 121.42	10 674.98	7 362.76
2011	10 444.35	5 633.80	1 461.38	13 047.24	14 212.06	8 049.95
2012	10 535.58	6 337.88	1 446.77	12 179.69	15 154.46	7 548.44
2013	10 699.79	7 077.77	1 451.53	12 106.21	15 543.68	6 895.14
2014	10 833.41	7 683.50	1 569.94	11 917.79	14 125.91	6 488.02
2015	10 112.33	8 069.21	1 593.26	8 677.77	9 329.30	5 718.24

资料来源：世界银行数据库. http://databank.worldbank.org/data/home.aspx。

表 2-7　世界和金砖国家购买力平价人均 GDP（单位：国际美元）

年份	世界	中国	印度	巴西	俄罗斯	南非
1990	5 422.73	986.57	1 146.03	6 639.80	8 012.80	6 401.19
1991	5 595.36	1 099.05	1 172.56	6 849.60	7 844.09	6 390.77
1992	5 761.10	1 268.27	1 240.00	6 862.53	6 854.09	6 238.79

续表

年份	世界	中国	印度	巴西	俄罗斯	南非
1993	5 961.37	1 461.61	1 303.90	7 240.19	6 416.17	6 307.27
1994	6 200.73	1 668.58	1 393.00	7 669.74	5 736.16	6 493.73
1995	6 448.98	1 869.47	1 500.68	8 050.22	5 611.66	6 691.41
1996	6 735.05	2 070.77	1 612.53	8 248.99	5 515.99	6 974.66
1997	7 023.49	2 277.21	1 674.87	8 541.16	5 697.33	7 157.85
1998	7 186.02	2 458.63	1 764.88	8 529.82	5 460.35	7 161.17
1999	7 454.41	2 664.49	1 915.39	8 568.49	5 914.30	7 335.91
2000	7 899.76	2 933.32	1 998.49	8 987.19	6 825.41	7 702.48
2001	8 184.78	3 226.85	2 105.84	9 182.22	7 367.61	8 016.43
2002	8 463.73	3 551.66	2 182.24	9 468.48	8 029.12	8 340.82
2003	8 825.54	3 961.27	2 361.33	9 630.14	9 253.58	8 651.85
2004	9 439.46	4 455.21	2 576.54	10 324.93	10 231.43	9 179.25
2005	10 059.28	5 092.56	2 860.89	10 860.52	11 822.37	9 847.83
2006	10 890.05	5 883.72	3 172.71	11 502.27	14 916.19	10 577.94
2007	11 659.48	6 863.98	3 484.76	12 389.60	16 648.59	11 289.43
2008	12 199.08	7 635.07	3 637.76	13 140.87	20 163.59	11 716.72
2009	12 176.19	8 374.43	3 920.16	13 094.14	19 386.58	11 462.62
2010	12 836.32	9 333.12	4 315.44	14 114.59	20 497.93	11 785.61
2011	13 557.91	10 384.37	4 634.95	14 836.38	24 074.36	12 243.88
2012	14 083.97	11 351.06	4 915.57	15 256.61	25 316.64	12 556.75
2013	14 635.60	12 367.97	5 255.48	15 823.61	24 165.33	12 859.62
2014	15 225.34	13439.91	5663.73	16 045.23	25 498.65	13 097.97
2015	15 691.35	14450.72	6104.58	15 473.69	25 186.17	13 195.47

资料来源：世界银行数据库. http://databank.worldbank.org/data/home.aspx。

表 2-8　金砖国家购买力平价人均 GDP（单位：国际美元）

年份	中国	印度	巴西	俄罗斯	南非
1980	309.96	557.05	4 809.67	—	4 630.88
1981	351.32	632.50	4 917.47	—	5 200.58
1982	400.37	679.91	5 140.37	—	5 361.87
1983	455.06	742.25	5 052.00	—	5 331.27
1984	535.81	780.87	5 393.87	—	5 657.87

续表

年份	中国	印度	巴西	俄罗斯	南非
1985	618.75	830.34	5 883.17	—	5 633.51
1986	676.82	868.83	6 326.36	—	5 620.30
1987	762.58	906.57	6 593.38	—	5 760.17
1988	864.81	1 007.14	6 717.39	—	6 083.34
1989	922.23	1 085.84	7 076.00	—	6 332.68
1990	979.48	1 164.57	6 826.26	—	6 398.35
1991	1 090.98	1 192.39	7 006.69	—	6 387.73
1992	1 260.74	1 260.72	7 017.50	11 481.99	6 234.93
1993	1 453.45	1 323.33	7 400.50	10 724.25	6 303.79
1994	1 660.17	1 413.26	7 836.76	9 562.79	6 492.14
1995	1 861.48	1 522.20	8 225.06	9 369.74	6 690.52
1996	2 061.52	1 635.47	8 430.29	9 209.86	6 976.37
1997	2 266.81	1 698.17	8 732.72	9 516.60	7 163.11
1998	2 447.67	1 788.65	8 725.63	9 129.59	7 169.69
1999	2 652.21	1 934.24	8 768.66	9 889.00	7 343.19
2000	2 918.21	2 018.92	9 108.34	11 169.85	7 708.92
2001	3 210.06	2 128.13	9 314.53	12 053.94	7 982.82
2002	3 533.07	2 211.34	9 615.58	12 874.58	8 339.44
2003	3 940.13	2 397.56	9 790.54	14 156.02	8 650.35
2004	4 431.28	2 615.85	10 505.88	15 647.37	9 177.59
2005	5 060.79	2 906.83	11 055.73	17 230.99	9 846.01
2006	5 847.82	3 227.36	11 708.81	19 246.65	10 577.93
2007	6 820.57	3 587.19	12 606.79	21 468.91	11 289.38
2008	7 583.36	3 747.54	13 362.99	23 047.98	11 716.61
2009	8 303.40	4 040.57	13 307.73	21 406.21	11 462.56
2010	9 251.84	4 445.17	14 339.62	22 638.64	11 785.75
2011	10 290.47	4 749.19	15 070.93	24 032.23	12 243.96
2012	11 252.08	4 997.00	15 498.56	25 322.52	12 556.65
2013	12 265.12	5 341.04	16 077.56	26 046.14	12 879.59
2014	13 326.58	5 751.33	16 307.08	26 691.33	13 127.40
2015	14 328.14	6 192.94	15 729.29	26 207.82	13 229.62

续表

年份	中国	印度	巴西	俄罗斯	南非
2016	15 398.58	6 615.78	15 241.73	26 489.82	13 225.43
2017	16 676.46	7 153.25	15 485.47	27 466.44	13 409.33

资料来源：IMF. World Economic Outlook Database, April 2017。
注：2017 年的数据为预测值。

二、经济结构

近年来，金砖国家在经济保持较快增长的同时，产业结构也得到不断优化。如表 2-9 和表 2-10 所示，当前金砖国家第三产业占 GDP 的比重均超过了 50%，第三产业对经济增长的贡献率在 2015 年平均达到 70%。

表 2-9　金砖国家三次产业占 GDP 的比重（单位：%）

国家	第一产业		第二产业		第三产业	
	2000 年	2016 年	2000 年	2016 年	2000 年	2016 年
巴西	5.5	5.5	26.7	21.2	67.7	73.3
俄罗斯	—	4.7	—	32.4	—	62.9
印度	25.3	19.6	23.7	26.8	51.0	53.7
中国	14.7	8.6	45.5	39.8	39.8	51.6
南非	10.7	10.3	24.5	21.1	64.8	68.6

资料来源：中华人民共和国国家统计局等. 金砖国家联合统计手册 2017[M]. 北京：中国统计出版社。

表 2-10　金砖国家三次产业对 GDP 的贡献率（单位：%）

国家	第一产业		第二产业		第三产业	
	2000 年	2015 年	2000 年	2015 年	2000 年	2015 年
巴西	4.1	-3.4	37.6	45.9	58.3	57.5
俄罗斯	5.0	-3.3	37.2	34.2	57.8	69.1
印度	-0.1	-0.6*	47.0	26.2*	53.1	74.4*
中国	4.3	4.7	50.3	41.2	45.5	54.1
南非	3.7	-17.7	34.9	24.5	61.4	93.2

资料来源：中华人民共和国国家统计局．国际统计年鉴 2016[M]．北京：中国统计出版社。
注：*为 2014 年数据。

从政府总债务占 GDP 的比重来看，如表 2-11 所示，金砖国家的债务水平均低于发达经济体的平均水平，但巴西和印度的政府总债务占 GDP 的比重明显高于新兴市场和发展中国家的平均水平，中国和南非则与新兴市场和发展中国家的平均水平相当，而俄罗斯的债务水平则明显低于新兴市场和发展中国家的平均水平。

表 2-11　金砖国家政府总债务占 GDP 的比重（单位：%）

年份	发达经济体	新兴市场和发展中经济体	巴西	中国	印度	俄罗斯	南非
1991	—	—	—	—	75.332	—	—
1992	—	—	—	—	77.405	—	—
1993	—	—	—	—	76.978	—	—
1994	—	—	—	—	73.464	—	—
1995	—	—		21.447	69.654	—	—
1996	—	—	—	21.259	65.977	—	—
1997	—	—	—	20.448	67.818	—	—
1998	—	—	—	20.496	68.09	—	—
1999	—	—	—	21.688	70.039	92.121	—
2000	—	47.528	65.561	22.809	73.649	55.712	42.21
2001	69.741	48.274	70.054	24.384	78.728	44.314	42.402
2002	70.825	52.38	78.798	25.711	82.85	37.472	35.547
2003	72.884	50.313	73.823	26.574	84.243	28.255	35.428
2004	76.647	47.179	70.077	26.168	83.289	20.77	34.393
2005	77.011	41.948	68.585	26.098	80.894	14.809	33.212
2006	74.243	37.38	65.845	25.382	77.108	9.776	31.355
2007	71.91	35.731	63.743	29.036	74.027	8.01	27.061
2008	78.686	33.787	61.868	27	74.536	7.425	26.506
2009	91.869	38.941	64.944	34.346	72.527	9.89	30.078
2010	98.465	38.087	63.045	33.742	67.458	10.56	34.675
2011	102.615	37.199	61.204	33.638	69.643	10.913	38.227
2012	106.733	37.27	62.196	34.269	69.105	11.761	40.999
2013	105.275	38.466	60.193	36.997	68.529	13.076	43.986
2014	104.65	40.38	62.31	39.92	68.576	15.642	46.895
2015	104.364	44.26	72.515	42.606	69.551	15.944	49.778
2016	106.505	47.341	78.316	46.231	69.537	17.035	50.467
2017	105.944	48.495	81.157	49.313	67.789	17.106	52.351

资料来源：IMF, World Economic Outlook Database, April 2017。

注：2017 年的数据为预测值。

金砖国家国际收支状况也表现出了不同特点。如表 2-12 所示，中国和俄罗斯的经常项目长期处于顺差状态，2017 年两国经常项目顺差占 GDP 的比重分别为 1.3%和 3.3%，而巴西、印度和南非的经常项目则长期处于逆差状态，2017 年三国经常项目逆差占 GDP 的比重分别为-1.3%、-1.5%和-3.4%。

表 2-12　金砖国家经常项目差额占 GDP 的比重（单位：%）

年份	巴西	中国	印度	俄罗斯	南非
1980	-8.417	—	-1.478	—	3.961
1981	-6.711	—	-1.611	—	-6.018
1982	-8.725	—	-1.667	—	-4.364
1983	-4.561	—	-1.444	—	-0.462
1984	0.027	—	-1.121	—	-2.422
1985	-0.096	—	-2.025	—	3.927
1986	-2.057	—	-1.806	—	4.107
1987	-0.48	—	-1.708	—	5.764
1988	1.249	—	-2.404	—	2.696
1989	0.226	—	-1.986	—	1.529
1990	-0.797	—	-2.947	—	1.337
1991	-0.337	—	-0.426	—	1.142
1992	1.54	—	-1.675	-1.305	1.459
1993	-0.132	—	-0.408	1.317	2.068
1994	-0.301	—	-1.012	2.637	0.011
1995	-2.379	—	-1.609	2.067	-1.604
1996	-2.802	—	-1.125	2.577	-1.121
1997	-3.492	3.829	-1.3	-0.018	-1.455
1998	-3.923	3.048	-0.942	0.075	-1.72
1999	-4.316	1.924	-1.006	11.694	-0.498
2000	-3.783	1.682	-0.559	16.264	-0.126
2001	-4.236	1.295	0.688	9.731	0.274
2002	-1.588	2.397	1.211	7.401	0.902
2003	0.674	2.576	2.277	7.165	-0.826
2004	1.695	3.506	-0.342	9.222	-2.766
2005	1.519	5.734	-1.187	10.284	-3.129

续表

年份	巴西	中国	印度	俄罗斯	南非
2006	1.176	8.357	-1.008	8.679	-4.477
2007	0.029	9.889	-1.27	5.17	-5.383
2008	-1.807	9.134	-2.28	5.824	-5.537
2009	-1.573	4.75	-2.815	3.835	-2.728
2010	-3.433	3.92	-2.813	4.117	-1.501
2011	-2.947	1.809	-4.289	4.788	-2.218
2012	-3.012	2.513	-4.805	3.285	-5.131
2013	-3.028	1.538	-1.737	1.499	-5.864
2014	-4.242	2.241	-1.317	2.787	-5.305
2015	-3.269	2.709	-1.058	5.052	-4.432
2016	-1.307	1.751	-0.924	1.734	-3.272
2017	-1.328	1.266	-1.488	3.302	-3.408

资料来源：IMF, World Economic Outlook Database, April 2017。

注：2017 年的数据为预测值。

三、经济发展质量

随着经济持续较快增长和经济结构的逐步优化，金砖国家的经济发展水平和质量也得以不断提升。联合国开发计划署（UNDP）在《1990 年人类发展报告》中提出了人类发展指数（Human Development Index，HDI），用以衡量联合国各成员国经济社会发展水平和质量。《2016 年人类发展报告》是以健康长寿、教育获得和生活水平三项基础变量，按照一定的计算方法计算得出人类发展指数这一综合指标。其中，健康长寿用出生时预期寿命（Life Expectancy at Birth）来衡量；教育获得用预期受教育年限（Expected Years of Schooling）和平均受教育年限（Mean Years of Schooling）来衡量；生活水平则用人均国民总收入（Gross National Income（GNI）Per Capita）来衡量。2015 年俄罗斯、巴西、中国、南非和印度的人类发展指数排名在 188 个经济体中分别位列第 49 位、第 79 位、第 90 位、第 119 位、第 131 位，分别比 2010 年的排名上升 5 位、7 位、11 位、2 位和 4 位。如表 2-13 所示，1990—2015 年，金砖国家的人类发展指数明显提高，尤其是中国和印度，人类发展指数年均增长率分别达 1.57%和 1.52%。

表 2-13 金砖国家人类发展指数增长率

国家	HDI 指数				年均增长率（%）			
	1990年	2000年	2010年	2015年	1990—2000年	2000—2010年	2010—2015年	1990—2015年
俄罗斯	0.733	0.720	0.785	0.804	-0.18	0.87	0.48	0.37
巴西	0.611	0.685	0.724	0.754	1.15	0.55	0.83	0.85
中国	0.499	0.592	0.700	0.738	1.72	1.70	1.05	1.57
南非	0.621	0.629	0.638	0.666	0.13	0.14	0.89	0.28
印度	0.428	0.494	0.580	0.624	1.45	1.62	1.46	1.52

资料来源：联合国开发计划署. Human Development Report 2016，204-206，http://www.undp.org/content/undp/en/home/librarypage/hdr/2016-human-development-report.html。

世界经济论坛从 1979 年开始对各个国家的竞争力进行评价，目前是国际上从事竞争力评价最著名的机构之一，它通过选取指标对各个国家进行综合因素考评，推出一年一度的《全球竞争力报告》。世界经济论坛在 2017 年 9 月发布的《2017—2018 年度全球竞争力报告》从基础条件（Basic Requirements）、效能提升（Efficiency Enhancers）和创新成熟度（Innovation and Sophistication Factors）三个层面的 12 项指标对 137 个经济体的全球竞争力进行了排名。如表 2-14 所示，中国、俄罗斯、印度、南非和巴西的全球竞争力指数排名在 137 个经济体中分别位列第 27 位、第 38 位、第 40 位、第 61 位、第 80 位，一定程度上反映了金砖国家近年来在促进经济发展质量和竞争力提高方面所取得的进步和成绩。

表 2-14 2017—2018 年度金砖国家全球竞争力指数排名

国家	总指数		分指数					
			基础条件		效能提升		创新成熟度	
	排名	得分	排名	得分	排名	得分	排名	得分
中国	27	5.00	31	5.32	28	4.88	29	4.33
俄罗斯	38	4.64	48	4.92	38	4.59	57	3.76
印度	40	4.59	63	4.68	42	4.47	30	4.29
南非	61	4.32	92	4.28	52	4.39	39	4.14
巴西	80	4.14	104	4.08	60	4.27	65	3.66

资料来源：World Economic Forum. The Global Competitiveness Index 2017-2018, 326-327, https://www.weforum.org/reports/the-global-competitiveness-report-2017-2018。

世界知识产权组织自 2007 年起每年发布全球创新指数（Global Innovation Index）排名，用于反映各经济体的创新能力和效率。2017 年 6 月 15 日，世界知识产权组织发布了《2017 年全球创新指数》报告。该报告通过 81 项指标，对全球 127 个经济体的创新指数进行排名，评估其创新能力和成果。2017 全球创新指数是以创新投入（Innovation Input Sub-Index）和创新产出（Innovation Output Sub-Index）两个次级指数的平均值计算得出。具体指标体系包括 81 项指标，分为制度（Institutions）、人力资本与研究（Human Capital and Research）、基础设施（Infrastructure）、市场成熟度（Market Sophistication）、商业成熟度（Business Sophistication）、知识与技术产出（Knowledge and Technology Outputs）和创意产出（Creative Outputs）等七大类。如表 2-15 所示，中国、俄罗斯、南非、印度和巴西的 2017 全球创新指数排名在 127 个经济体中分别位列第 22 位、第 45 位、第 55 位、第 60 位、第 69 位，显示出金砖国家总体上具备了较强的创新能力。特别是中国，创新指数排名由 2007 年的第 29 名上升为第 22 位，跃升至位居中等收入国家之首。从创新效率比（创新产出与创新投入的比率）来看，中国和印度的排名分别居第 3 位和第 53 位，均高于其创新指数的排名，而俄罗斯、南非和巴西的创新效率则有待进一步提升。

表 2-15　金砖国家 2017 全球创新指数排名

国家	创新指数		创新效率比	
	得分	排名	比率	排名
中国	52.54	22	0.94	3
俄罗斯	38.76	45	0.61	75
南非	36.17	55	0.53	96
印度	35.47	60	0.66	53
巴西	33.10	69	0.52	99

资料来源：Cornell University, INSEAD, WIPO. Global Innovation Index 2017: Innovation Feeding the World, 14-15, http://www.wipo.int/edocs/pubdocs/en/wipo_pub_gii_2017-chapter1.pdf。

第二节　金砖各国经济发展概况及经济周期的波动特征

一、巴西经济

巴西自 1882 年独立以后，一直到 20 世纪 30 年代都是一个以种植咖啡和橡胶为主的单一农业经济国家，之后才慢慢开始逐步发展成为一个新兴工业化国家。特别是在 20 世纪 60 年代和 70 年代，巴西经济实现了前所未有的高速增长，经济实力快速提升。但是由于巴西经济发展采取的是进口替代的发展模式，这种内向型发展模式在很大程度上限制了巴西经济参与国际竞争的能力，使得巴西经济在国际市场上严重缺乏竞争力。随着 20 世纪 80 年代国际环境发生重大变化，巴西经济也开始陷入了停滞不前的局面。自 20 世纪 90 年代以后，巴西政府意识到了自身经济发展政策存在的严重缺陷，开始大力推进经济改革，制定了多个有关促进工农业现代化的“新巴西计划”，推动国有企业私有化及对外开放战略调整，积极吸引外资和引进技术。这些经济改革措施为巴西经济恢复发展奠定了坚实基础。但是由于受美国次贷危机及其后爆发的国际金融危机的影响，再加上国内政局的动荡，近年来巴西经济发展表现低迷，2015 年和 2016 年的经济增长率分别为-3.8%和-3.6%。

接下来我们简要分析巴西经济周期的波动特征。经济周期按其长度不同可分为四类：

（1）基钦周期。美国经济学家基钦（Joseph Kitchin）在 1923 年的论文《经济因素的周期与趋势》中，对美国（60 年间的）和英国（100 年间的）经济活动中每月的银行票据清算额、批发价格、短期利率和若干实物产量数列的详细资料进行分析后，提出了经济周期实际上有两种表现——主周期（Major cycle）和次周期（Minor cycle）——的论点。其中，次周期是他的论文中主要论述的周期。他认为，次周期的平均持续时间约为 40 个月。一般认为，基钦提出的这种 40 个月左右的经济周期主要是由于企业库存投资的循环而产生的，因此，经济学家们通常将这种周期称为库存投资周期。

（2）朱格拉周期。法国经济学家朱格拉（Clement Juglar）在其《法国、英国和美国的商业危机及其周期性》一书中，基于银行贷款的数字、利率和物价的统计资料，研究了英国、法国、美国等国家工业设备投资的变动情况，发现了9～10年的周期波动，这就是中周期，也称为“朱格拉周期”。经济学家们认为朱格拉周期的产生是由于失业、物价随设备投资的波动而发生变化，从而导致10年左右的周期波动，因此朱格拉周期也被称为设备投资周期。

（3）库兹涅茨周期。美国经济学家库兹涅茨（Simon Kuznets）在1930年出版的《生产和价格的长期运动》一书中，研究了英国、美国、法国、德国、比利时等国家从19世纪初期或中期到20世纪初期60种工农业主要产品产量和35种工农业主要产品价格变动的时间序列资料。他剔除了其间短周期和中周期的变动，发现这些国家经济中存在着15～25年的中长期循环，这种长度的经济周期被称为“库兹涅茨周期”。一般认为，这种平均持续期间约为20年的库兹涅茨周期是由于建筑活动的循环变动而引起的，所以这种周期又称为建筑业投资周期。

（4）康德拉季耶夫周期。俄国经济学家康德拉季耶夫（Nikolai D. Kondratieff）在《经济生活中的长波》一书中根据英国、美国和法国140年间（1780年至1920年）的批发物价指数、利息率、工资率、对外贸易量以及铁、煤炭和棉花等产量的变动推算出了50～60年周期的长期波动。这种长度的周期被称为“康德拉季耶夫周期”，又称为长周期。

对以上四种经济周期类型，经济学家们之间的看法并不一致：马克思主义经济学的传统看法只承认10年周期，对其余三种周期持否定态度；西方经济学家对经济周期类型的划分意见也并不完全一致，而是因人而异。在本章中，限于数据搜集等方面的原因，我们主要依据实际GDP增长率和失业率指标从3～5年的基钦周期和10年左右的朱格拉周期的角度来简要分析金砖国家经济周期的波动特征。

如图2-1和表2-16所示，1981年巴西实际GDP增长率由1980年的9.2%下降为-4.4%，失业率上升为8.1%，处于经济周期的谷底；1985年和1986年经济增长率回升为7.9%和7.5%，1986年失业率下降为3.6%，经济周期达到波峰；1990年经济增长率为-4.2%，失业率开始上升，经济周期又到达谷底。之后在1994年经济增长率达到5.3%，处于经济周期峰顶；1998年和1999年经济增长率仅分别为0.3%和0.5%，经济又处于周期底部。在经历振荡调整后，2009年经济增长率降至-0.1%，失业率达9.6%，到达经济周期谷底。在2010年回升至峰顶后经济周期再次进入下降阶段，并于2015/2016年到达谷底（这两年的经济增长率分别为-3.8%和-3.6%），之后开始出现回升势头。

如果按照“谷一谷”法进行划分，1980—2017 年巴西经济周期的波动可以概括为：1981—1990—1998/1999—2009—2015/2016—。

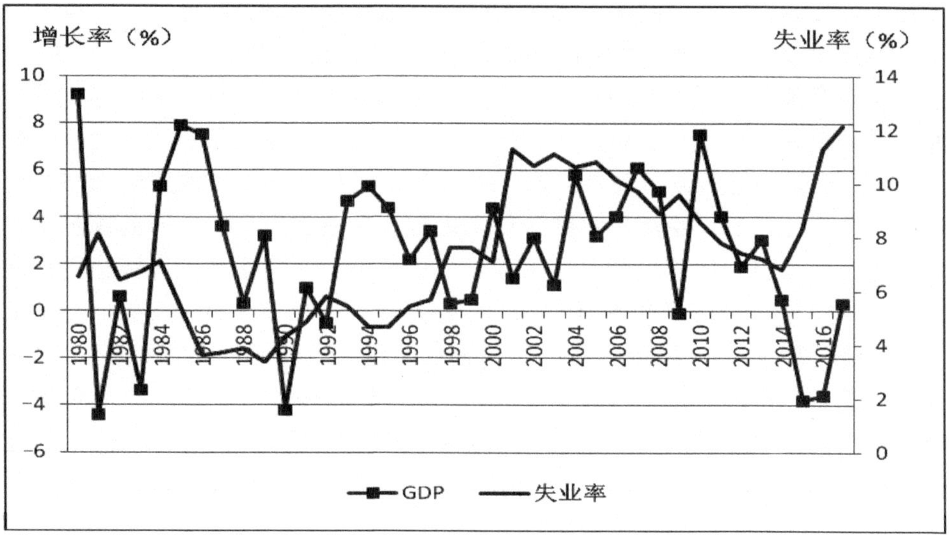

图 2-1　1980—2017 年巴西经济周期的波动

资料来源：IMF. World Economic Outlook Database, April 2017 和 World Economic Outlook Update, July 2017。
注：2017 年的数据为预测值。

表 2-16　1980—2017 年巴西经济周期的描述性统计（单位：%）

	最小值	最大值	均值	标准差
实际 GDP 增长率	-4.4	9.2	2.389	3.4564
失业率	3.35	12.15	7.3644	2.49553

资料来源：IMF. World Economic Outlook Database, April 2017 和 World Economic Outlook Update, July 2017。

二、俄罗斯经济

1991 年苏联解体后，俄罗斯政府实施激进的向市场经济过渡的“休克疗法”，全面放开物价和全面实施私有化。俄罗斯为实施这个激进的改革计划付出了惨重的代价，经济大幅度倒退和滑坡，通货膨胀率居高不下，失业人数不断增加，人民生活急剧下降。1993—1996 年俄罗斯各年经济增长率分别为-8.7%、-12.7%、-4.1%和-3.6%。一直到 20 世纪 90 年代末俄罗斯经济才逐步走出了负增长。2000 年普京出任俄罗斯总统后开始调整经济转型方针，重新定位政府角色，同时制定新的产业与贸易政策，改革微观经济管理体制，这些改革措施使得俄罗斯经济保持了快速增长的势头。但是2008年的国际金融危机的爆发对俄罗斯经济产生了严重冲击，再加上近年来石油价格低迷、卢布币值波动以及西方制裁等因素的影响，俄罗斯经济再次陷入了深度调整中。2015年和2016年的经济增长率分别为-2.8%和-0.2%。

从俄罗斯经济周期波动来看，如图2-2和表2-17所示，1994年俄罗斯经济增长率为-12.7%，失业率开始大幅上升，经济周期处于谷底，之后开始回升。由于受东南亚金融危机影响，1998年俄罗斯经济增长率下降为-5.3%，失业率高达13.3%，经济再次到达周期底部。之后在经历较长时间高位运行后，由于受美国次贷危机所引发国际金融危机的影响，俄罗斯经济也再次陷入衰退，2009年经济增长率为-7.8%，失业率为8.2%。在经过短暂回升后俄罗斯经济再次下滑，于2015年到达周期的谷底，经济增长率为-2.8%，之后开始出现复苏势头。如果按照“谷—谷”法进行划分，1992—2017年俄罗斯经济周期的波动可以概括为：1994—1998—2009—2015—。由表2-17的描述性统计可以看出，1992—2017年俄罗斯实际GDP增长率的标准差较大，显示出这段时期俄罗斯经济波动比较剧烈。

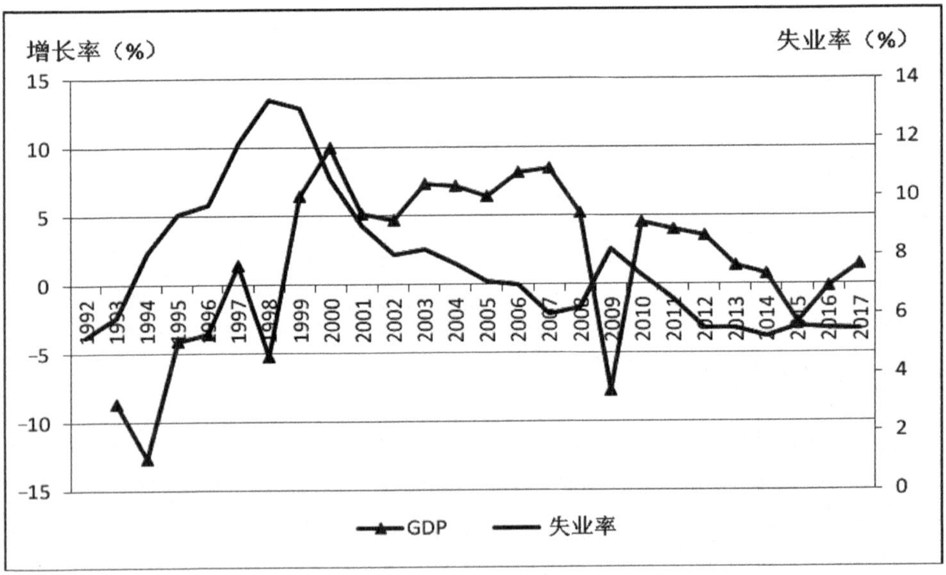

图2-2 1992—2017年俄罗斯经济周期的波动

资料来源：IMF. World Economic Outlook Database, April 2017和World Economic Outlook Update, July 2017。

注：2017年的数据为预测值。

表 2-17　1992—2017 年俄罗斯经济周期的描述性统计（单位：%）

	最小值	最大值	均值	标准差
实际 GDP 增长率	-12.7	10.0	1.624	5.96485
失业率	5.20	13.30	7.7292	2.37705

资料来源：IMF. World Economic Outlook Database, April 2017 和 World Economic Outlook Update, July 2017。

注：实际 GDP 增长率为 1993—2017 年数据，失业率为 1992—2017 年数据。

三、印度经济

自 1947 年印度摆脱英国殖民统治获得独立开始至 1980 年期间，印度经济政策总体上倾向于国家干预和保护主义，贾瓦哈拉尔·尼赫鲁政府及其后的英迪拉·甘地政府均强调工业化和中央计划，设立庞大的公营机构，对商业活动及劳动力和金融市场进行广泛监管和干预。当时的印度经济增长比较缓慢。20 世纪 80 年代后期，拉吉夫·甘地政府开始采取放宽投资限制、取消物价控制、降低企业税负等措施，一定程度上促进了经济增长，但同时也导致政府出现大量财政赤字。随着印度的主要贸易伙伴苏联解体，再加上波斯湾战争使得国际油价飙升，导致印度贸易失衡，国际收支逆差严重恶化。印度政府被迫向国际货币基金组织求助，以接受该组织提出的改革经济制度为条件，获得了总额达 18 亿美元的紧急贷款。1991 年，纳拉辛哈·拉奥政府正式展开经济自由化改革，取消对投资、工业及进口进行限制的“牌照制度”，结束国有公司的垄断，同时放宽和取消了多个行业的引进外资审批制度。自此印度经济开始进入迅速发展时期。特别是印度逐步发展成为世界 IT 软件离岸外包市场的中心，有力地推动了经济增长。2014 年以来，印度莫迪政府在经济发展上采取了包括大力发展“印度制造”、加强基础设施建设和吸引外国投资等一系列重大经济改革举措，取得了较明显成效，使得印度在 2015 年和 2016 年的经济增长率分别高达 8.0%和 7.1%，连续成为世界上经济增长速度最快的发展中大国。

从印度经济周期波动来看，如图 2-3 和表 2-18 所示，1982 年印度经济增长率仅为 3.5%，处于经济周期的谷底，经过震荡调整后，1988 年经济增长速度达到 9.6%，到达经济周期的峰顶。之后开始下降，于 1991 年到达经济周期底部，经济增长率仅为 1.1%。在经历较长时间调整、上升及东南亚金融危机冲击后，1999 年到达经济周期顶部，经济增长率达 8.5%。之后又分别于 2002 年、2008 年和 2012 年处于经济周期的谷底，经济增长率分别为 3.9%、3.9%和 5.5%。2012 年之后印度经济周期总体呈现出上升势头。如果按照“谷—谷”法进行划分，1980—2017 年印度经济周期的波动可以概括为：1982—1991—2002—2008—2012—。由图 2-3 和表 2-18 的描述性统计可以看出，1991—2016 年印度失业率的标准差非常小，失业率总体保持比较平稳。

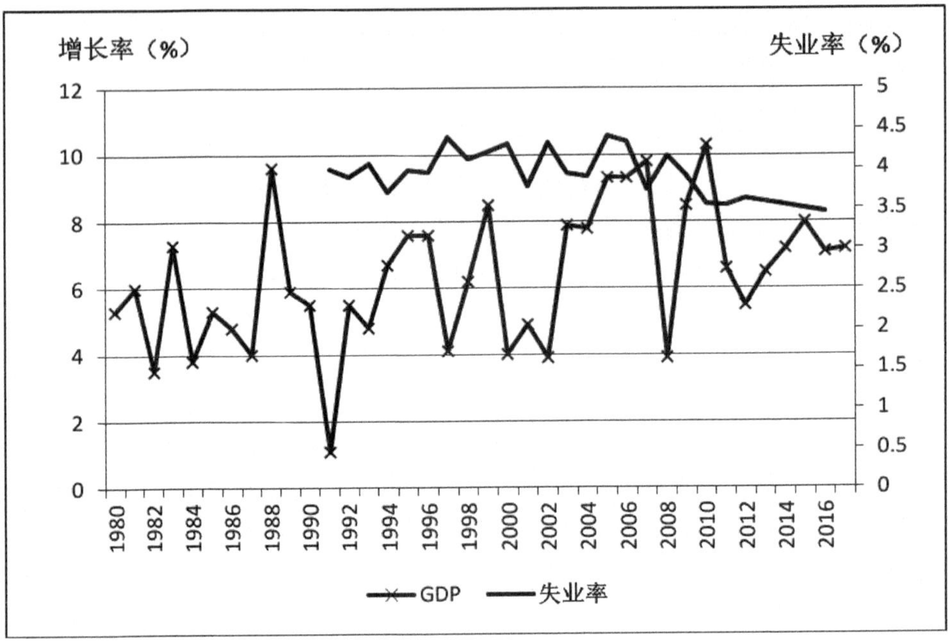

图 2-3　1980—2017 年印度经济周期的波动

资料来源：IMF. World Economic Outlook Database, April 2017 和 World Economic Outlook Update, July 2017。失业率数据来自世界银行数据库，http://data.worldbank.org/indicator/。

注：2017 年的数据为预测值。

表 2-18　1980—2017 年印度经济周期的描述性统计（单位：%）

	最小值	最大值	均值	标准差
实际 GDP 增长率	1.1	10.3	6.3368	2.08021
失业率	3.46	4.40	3.9153	0.30245

资料来源：IMF. World Economic Outlook Database, April 2017 和 World Economic Outlook Update, July 2017。失业率数据来自世界银行数据库，http://data.worldbank.org/indicator/。

注：失业率为 1991—2016 年数据。

四、中国经济

中华人民共和国成立后在 1952 年完成了国民经济恢复，1953 年开始进入工业化发展阶段。当时中国学习苏联模式，实行了高度集中统一的计划经济体制和闭关自守政策。在当时的历史条件下，这种计划经济体制可以迅速动员和集中全国有限的人力、物力和财力等资源进行大规模的社会主义现代化建设，对于中国工业体系，特别是重工业的建立发挥了至关重要的作用。1953—1978 年中国年平均经济增长速度达到 6.1%，期间由于受“大跃进”和“文化大革命”等政治运动的影响，经济波动比较剧烈。1978 年 12 月，党的十一届三中全会做出了实行改革开放的战略决策，自此中国经济发展进入一个新阶段，国民经济保持了持续快速发展势头，1980—2017 年中国年平均经济增长速度高达 9.6%。近年来，在世界经济进入深度调整期、国际经济合作和竞争格局发生深刻变化的背景下，中国经济发展也进入了“新常态”，经济从高速增长转为中高速增长，经济结构不断优化升级，同时经济增长动力也逐步从要素驱动、投资驱动向创新驱动转换。

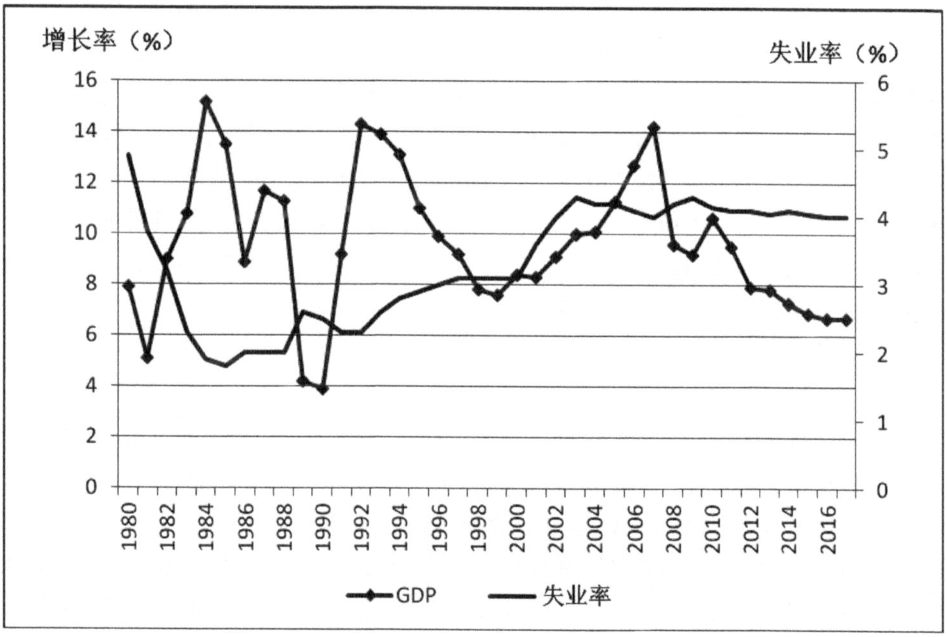

图 2-4　1980—2017 年中国经济周期的波动

资料来源：IMF. World Economic Outlook Database, April 2017 和 World Economic Outlook Update, July 2017。

注：2017 年的数据为预测值。

表 2-19　1980—2017 年中国经济周期的描述性统计（单位：%）

	最小值	最大值	均值	标准差
实际 GDP 增长率	3.9	15.2	9.5737	2.73868
失业率	1.80	4.90	3.3355	0.87320

资料来源：IMF. World Economic Outlook Database, April 2017 和 World Economic Outlook Update, July 2017。

从中国经济周期波动来看，如图 2-4 和表 2-19 所示，1981 年中国经济增长率仅为 5.1%，失业率达 3.8%，处于经济周期的底部，之后在 1984 年到达经济周期峰顶，经济增长率达 15.2%，失业率降为 1.9%。在经历震荡下行后，于 1990 年到达经济周期的谷底，经济增长率降为 3.9%。之后中国经济快速回升，1992 年经济增长率高达 14.3%，之后缓慢下降，于 1999 年进入经济周期底部，经济增长率仅为 7.6%。接下来的中国经济周期循环呈现出缓升陡降的特征，分别于 2007 年和 2009 年到达经济周期的峰顶和谷底，经济增长率分别为 14.2%和 9.2%。在 2010 年经过短暂回升后，中国经济进入了"新常态"，经济增速持续下降，在 2017 年开始呈现出较明显的企稳回升势头。如果按照"谷—谷"法进行划分，1980—2017 年中国经济周期的波动可以概括为：1981—1990—1999—2009—2016—。由图 2-4 和表 2-19 的描述性统计可以看出，1980—2017 年中国失业率的标准差非常小，特别是 2003 年以来中国失业率呈现出非常平稳的状态。

五、南非经济

南非长期奉行种族隔离政策和种族歧视，直到 1994 年南非议会通过了第一部临时宪法，规定所有南非人都有权利得到法律的平等保护，种族隔离政策才从法律上予以废除。同时南非新政府自 1994 年开始采取了包括遵循宪法规定保护公民合法财产权利、鼓励投资、贸易自由化和放松管制等一系列保持宏观经济稳定的政策，促进了国民经济的恢复和发展。2008 年爆发的国际金融危机对南非经济增长造成了较大冲击和负面影响，2010 年南非正式作为成员国加入金砖国家合作机制，对其经济增长起到一定促进作用。但是近年来在全球经济增速放缓和国际大宗商品价格低迷等背景下，南非经济表现比较低迷，经济增速放缓、失业率居高不下、贫富差距悬殊、财政赤字不断扩大以及货币贬值等成为困扰南非经济发展的突出问题。

从南非经济周期波动来看，如图 2-5 和表 2-20 所示，1983 年南非经济增长率为-1.8%，失业率持续上升，经济周期处于谷底。在经历了震荡运行后，于1992年再次进入经济周期底部，经济增长率降为-2.1%，失业率高达21.2%。之后南非经济周期又经历了三次循环，分别呈现出陡升陡降、缓升陡降和陡升缓降的特征，分别于1998年、2009年和2016年到达经济周期的谷底，经济增长率分别为0.5%、-1.5%和0.3%，失业率分别为26.1%、23.7%和26.7%。如果按照“谷—谷”法进行划分，1980—2017年南非经济周期的波动可以概括为：1983—1992—1998—2009—2016—。从图2-5和表2-20可以看出，1980—2017年南非失业率的标准差非常大，而且总体呈现出持续上升的趋势。

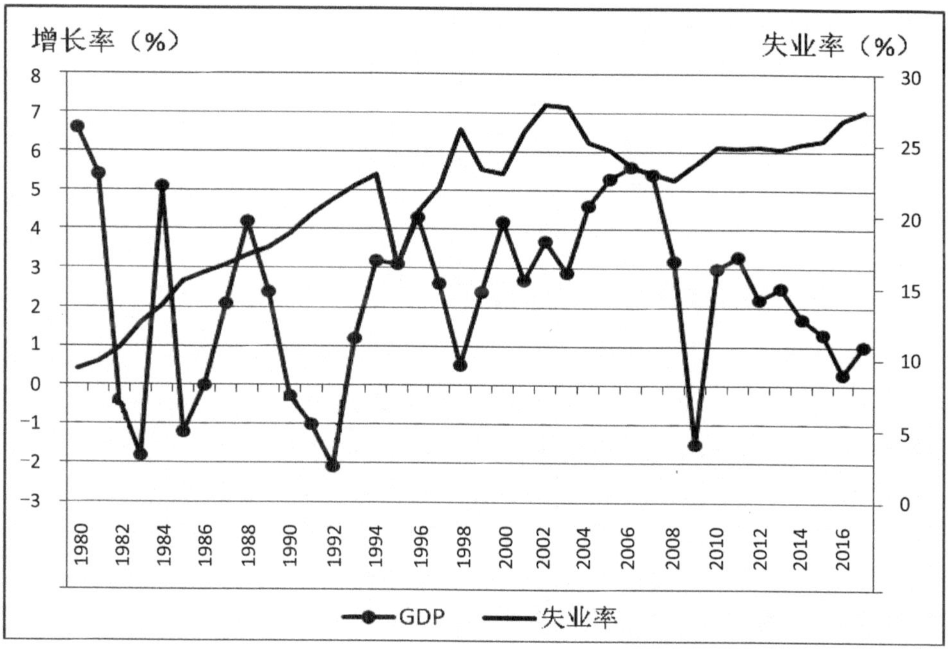

图2-5 1980—2017年南非经济周期的波动

资料来源：IMF. World Economic Outlook Database, April 2017 和 World Economic Outlook Update, July 2017。
注：2017年的数据为预测值。

表2-20 1980—2017年南非经济周期的描述性统计（单位：%）

	最小值	最大值	均值	标准差
实际GDP增长率	-2.1	6.6	2.3079	2.28371
失业率	9.24	27.80	21.1441	5.17751

资料来源：IMF. World Economic Outlook Database, April 2017 和 World Economic Outlook Update, July 2017。

第三章　金砖国家经济周期波动的协动性

如前所述，金砖国家已经成为新兴经济体和发展中国家进行多边合作的一种新模式和全球经济治理的一个新平台。本章重点利用因子分析方法探讨金砖国家经济周期的协动性及其影响因素。

第一节　文献综述

一、关于经济周期协动性的研究

有关经济周期的协动性问题一直是学术研究的焦点之一。多恩布什（Dornbusch，1980）、斯文森和文吉伯根（Svensson & Van Winjbergen，1989）、巴斯库等（Backus et al.，1992）以及孚库达（Fukuda，1993）等学者较早地在理论上探讨了经济周期协动性的传导机制。更多的学者则是从实证角度来探讨经济周期的协动性和各国经济之间的相互依赖性问题。较早的如赫克曼和费拉托夫（Hickman & Filatov，1983）使用弹性分析法研究了美日两国经济波动通过贸易效应给对方造成的影响；阿莫德等（Ahmed et al.，1993）运用结构向量自回归模型和协整检验方法研究了美国和经合组织（OECD）五个成员国之间经济周期的传导；塞洛弗（Selover，1997）则运用向量误差修正模型研究了美日两国之间经济波动的传递机制，等等。波尔多和赫尔布林（Bordo & Helbling，2010）则从历史演进的视角选择 16 个工业化国家 1880—2008 年数据进行实证研究，认为这些国家之间经济周期的协动性是不断增强的，全球性的共同冲击是经济周期协动性的主要影响因素。学者们对经济周期协动性传导机制的研究各有不同的侧重点，其中弗兰克尔和罗斯（Frankel & Rose，1998）、格里克和罗斯（Glick & Rose，1999）、塞洛弗（Selover，1999）、波尔多和赫尔布林（Bordo & Helbling，2003）、艾姆斯（Imbs，2003）、巴克斯特和科帕里特恩（Baxter & Kouparitsas，2005）、科斯和易（Kose & Yi，2006）、伊科梅尔（Eickmeier，2007）、伯斯特恩等（Burstein et al.，2008）、巴拉科瑞斯南等（Balakrishnan et al.，2009）以及克鲁西尼等（Crucini et al.，2011）等学者的研究更强调经济波动和冲击通过国际贸易、产业结构以及生产率等实体经济渠道进行传递并对相关国家的产出、消费和就业等产生影响，而格力克和哈奇森（Glick & Hutchison，1999）、布兰科纳等（Blankenau et al.，2001）、阿吉翁等（Aghion et al.，2004）以及卡莱姆利-奥兹肯等（Kalemli-Ozcan et al.，2013）等则更强调经济周期和波动通过资本流动、金融、利率、汇率等渠道对一国实体经济和通货膨胀等方面产生影响。2007年美国次贷危机及其后2008年国际金融危机爆发后，众多学者如雷恩哈特和鲁格夫（Reinhart & Rogoff，2008）、科瑞奈克等（Korinek et al.，2010）、米什金（Mishkin，2011）、雷恩哈特和鲁格夫（Reinhart & Rogoff，2011）、戈登和麦特里克（Gorton & Metrick，2012）、伊臣格林等（Eichengreen et al.，2012）、古里耶瑞等（Guerrieri et al.，2013）等从不同角度深入探讨了次贷危机及金融危机在全球蔓延和各国间进行传递的路径及机制。

随着中国对外开放的深入推进和经济实力不断增强，学术界特别是中国学者日益重视利用不同方法探讨中国与世界经济周期尤其是美国经济周期波动的协动性并分析其传导机制。科斯等（Kose et al.，2012）将全球106个经济体分为三组：发达经济体、新兴市场经济体以及其他发展中经济体，选取这些经济体的产出、消费、投资等指标，采用动态因子模型分析认为，在经济全球化阶段（1985—2005年），发达经济体内部以及新兴市场经济体内部的经济周期波动存在趋同性，而发达经济体与新兴市场经济体之间的经济周期波动则是趋异（脱钩）的。杜利和哈奇森（Dooley & Hutchison，2009）分析认为新兴市场国家在2007年至2008年夏季与美国经济周期是隔离和“脱钩”的，但之后由于信贷和国际贸易萎缩，这些新兴市场受到了美国金融和实体经济动荡的严重影响，与美国经济“重新挂钩”。秦宛顺等（2002）利用1987—2000年季度宏观变量序列，分析认为中美经济周期之间存在弱相关关系。陈昆亭等（2004）和黄梅波、吕朝凤（2011）分别利用BP滤波和HP滤波法研究了中国与美国以及G20各成员国之间经济周期的协动关系。任志祥、宋玉华（2004）和宋玉华、方建春（2007）分析了经济全球化条件下中国经济与世界经济周期日益明显的协动性和互动关系，认为改革开放以来中国经济与世界经济的关联互动性逐步显现，但中国经济周期与发达国家经济周期的相关性较弱，特别是与美国的经济周期并不存在同步性。张兵（2006，2015）分析认为中美两国经济周期波动在某些历史时期和区制具有较强的同步性，改革开放以来中国参与经济全球化的程度日益提高是中美两国经济周期同步性出现的根本原因和前提条件，而中美两国贸易和直接投资联系则是经济周期同步性出现的纽带和基本传导渠道。王延军（2007）认为中美两国的经济周期波动不具备同期性特征，中美两国经济波动特征的差异性要大于相似性。贾俊雪、郭庆旺（2006）和袁富华等（2009）则基于动态因子模型分别探讨了开放经济条件下美国经济冲击对中国经济波动的影响以及中国与美国、日本和欧盟三大经济体为代表的国际经济周期的关联问题。彭斯达、陈继勇（2009）利用 7 组 13 个宏观经济时间序列指标综合考察了中国和美国经济周期的协动性，认为中美两国经济周期现阶段的协动性较弱，但显示出逐渐增强的趋势。贺书锋、郭羽诞（2010）利用协同性指标、格兰杰（Granger）检验和聚类分析等方法考察了 1960—2007 年间中国与包括美国在内的 27 个主要贸易伙伴国经济周期的协同性和群体差异性。沈骥、曹星（2011）采用 HP 滤波法及 1978—2009 年年度数据以及 2008—2010 年季度数据对中美两国经济周期波动的协动性进行研究，发现中美经济周期的协动程度随周期变动并且呈现出明显增强的趋势。王勇等（2010）、程惠芳、岑丽君（2010）、李磊等（2011）、刘恩专、刘立军（2014）和于震等（2014）则采用面板数据研究了中国与东亚经济体等主要贸易伙伴及 OECD 国家经济周期的协动性并进一步探讨了产业结构、贸易强度和投资强度等因素的影响及其传导机制。

二、关于金砖国家的研究

在有关金砖国家的研究方面，自 2001 年美国高盛公司的吉姆·奥尼尔（Jim O'Neill）首次提出“金砖四国”的概念后，国外学者的研究侧重对“金砖四国”发展前景的预测，其中最具代表性的是高盛公司在 2003 年 10 月发表了一份题为《与金砖一起梦想：通向 2050 之路》（*Dreaming With BRICs: The Path to 2050*）的全球经济报告，预计到 2050 年世界经济格局将发生重大变化，届时全球前六大经济体将依次为中国、美国、印度、日本、巴西和俄罗斯。之后，高盛又发布了一系列报告，对金砖国家的发展速度和经济实力做出预测。国内学者对金砖国家的深入研究则是在 2009 年金砖国家第一次领导人会晤后，研究集中于比较分析金砖国家的发展模式及其特征方面。其中扶涛、张梅荷（2010）通过使用随机前沿模型对金砖四国 1990—2004 年的经济增长源泉进行分解，研究认为劳动力和物质资本投入在“金砖四国”各个国家经济增长中都处于重要的地位，而“金砖四国”各个国家全要素生产率的增长率、技术进步和技术效率变化率则各有特点。吴俊、宾建成（2010）通过全要素生产率、能源利用效率等指标对“金砖四国”的经济效率进行比较研究，认为“金砖四国”的经济增长是由“高投入”所驱动，是一种粗放型的经济增长。张玉柯和徐永利（2010）对“金砖四国”产业结构与就业结构的变动及其相关性进行了比较分析，认为“金砖四国”在就业结构方面的差异更加明显，与产业结构的变动不一致，产业结构面临调整和升级。林跃勤（2009，2010）认为源于美国次贷危机的全球金融风暴使金砖国家受到了严重冲击，经济快速发展的金砖国家对外部冲击的抗震性差更多是源于自身赶超发展过程中存在的不足和缺陷，因此，金砖国家的反危机政策不仅要着眼于稳定短期经济增长，更要致力于重构长期持续增长机制和模式。贺书锋（2010）利用结构向量自回归（SVAR）模型的脉冲响应分析认为，“金砖四国”尽管存在政治经济的差异性，但在中国核心的影响下，四国经济周期形成了高度的协同性和互动性。杨力和张耿（2011）对金砖四国及发达国家的经济波动及其福利损失进行了分析，认为金砖四国作为新兴经济体，其经济波动导致的福利损失比发达国家要大。王信（2011）则提出由于受制于金融发展滞后，“金砖四国”在国际分工中仍处于劣势，其国际金融实力的上升与实体经济及对外贸易的发展不相称，难以在国际金融治理和国际经济不平衡的调整中发挥重大作用。因此未来四国应加快国内金融改革，进一步密切四国之间以及四国与其他新兴经济体的贸易投资联系，同时加强政策协调，推动国际货币金融体系改革。汤凌霄、欧阳峣、黄泽先（2014）从国际金融合作的视角分析了金砖国家开发银行成立的环境及其意义。熊豪（2014）基于马尔科夫（Markov）区制转移模型实证研究了金砖国家经济周期协动的区制依赖性。刘文革、王文晓（2014）利用 GTAP 模型，对金砖国家建立自贸区后对其成员国及世界其他主要经济体的经济效应进行模拟分析，研究认为建立金砖国家自由贸易区虽然在短期内存在一定的困难和冲突，但符合金砖国家的长期利益。林跃勤、周文主编的《新兴经济体蓝皮书：金砖国家发展报告（2012—2017 年）》分别以“合作与崛起”“转型与崛起”“创新与崛起”“金融合作与共同发展”“全球治理变革与新兴国家角色”以及“机制完善与成效提升”等为主题对金砖国家经济社会发展状况、特点以及金砖合作崛起的影响、前景等方面进行了深入研究。

通过文献综述可以看出，学者们有关经济周期协动性和金砖国家的研究文献非常丰富，但集中研究金砖国家经济周期协动性的文献尚不多见。本章尝试利用因子分析方法探讨金砖国家之间经济周期波动的协动性及其影响因素，旨在从一个侧面揭示金砖国家合作机制的形成原因及其政策启示。

第二节　金砖国家经济周期协动性的变化

我们用金砖国家各国实际 GDP 增长率的变化来反映其经济周期的变化。如表 3-1 和图 3-1 所示，在 2000 年之前，金砖国家经济周期的变化缺少协动性，呈现出较强的离散特征，各国经济周期的上升和下降期交错，没有明显的同步变化趋势。而在 2000 年之后，金砖国家经济周期的波动呈现出较强的协动性，各国经济周期上升和下降阶段明显同步。①

表 3-1　1980—2017 年金砖国家实际 GDP 增长率的变化（单位：%）

年份	巴西	中国	印度	俄罗斯	南非
1980	9.19	7.91	5.281	4.9	6.621
1981	-4.4	5.1	6.006	5.3	5.361
1982	0.596	9	3.476	7.6	-0.383
1983	-3.4	10.8	7.289	4.7	-1.847
1984	5.307	15.2	3.821	4.0	5.099
1985	7.901	13.5	5.254	1.4	-1.211
1986	7.544	8.9	4.777	1.5	0.018
1987	3.601	11.7	3.965	2.1	2.101
1988	0.264	11.3	9.628	5.2	4.2
1989	3.2	4.2	5.947	6.8	2.395
1990	-4.168	3.9	5.534	-3.0	-0.318

① 由于各国经济周期波动存在领先一滞后结构，各国周期波峰和谷底出现的时间并不一定完全一致，但只要各国周期中波峰和谷底出现的时间比较接近，而且上升阶段和下降阶段持续的时间基本重合，就可以认为这些国家的周期变动存在着比较明显的同步性。

续表

年份	巴西	中国	印度	俄罗斯	南非
1991	1.031	9.2	1.057	−5.0	−1.018
1992	−0.467	14.3	5.482	−14.5	−2.137
1993	4.665	13.9	4.75	−8.7	1.234
1994	5.334	13.1	6.659	−12.7	3.234
1995	4.417	11	7.575	−4.1	3.116
1996	2.209	9.9	7.55	−3.608	4.307
1997	3.395	9.2	4.05	1.382	2.647
1998	0.338	7.8	6.184	−5.345	0.517
1999	0.468	7.6	8.463	6.352	2.358
2000	4.388	8.4	3.975	10.046	4.155
2001	1.39	8.3	4.944	5.09	2.735
2002	3.053	9.1	3.907	4.744	3.668
2003	1.141	10	7.944	7.349	2.949
2004	5.76	10.1	7.849	7.176	4.555
2005	3.202	11.3	9.285	6.376	5.277
2006	3.962	12.7	9.264	8.154	5.604
2007	6.07	14.2	9.801	8.535	5.36
2008	5.094	9.6	3.891	5.248	3.191
2009	−0.126	9.2	8.48	−7.821	−1.538
2010	7.528	10.606	10.26	4.504	3.04
2011	3.974	9.5	6.638	4.048	3.284
2012	1.921	7.9	5.484	3.518	2.213
2013	3.005	7.8	6.54	1.279	2.489
2014	0.504	7.3	7.179	0.718	1.7
2015	−3.769	6.9	7.934	−2.838	1.299
2016	−3.595	6.7	6.828	−0.248	0.279
2017	0.165	6.582	7.179	1.4	0.817

资料来源：国际货币基金组织数据库. World Economic Outlook Database, April 2017 和联合国统计署数据库，UNSD Statistical Databases。

注：为尽可能扩大样本容量，俄罗斯 1980—1989 年的实际 GDP 增长率由苏联的数据代替；2017 年数据为国际货币基金组织的预测值。

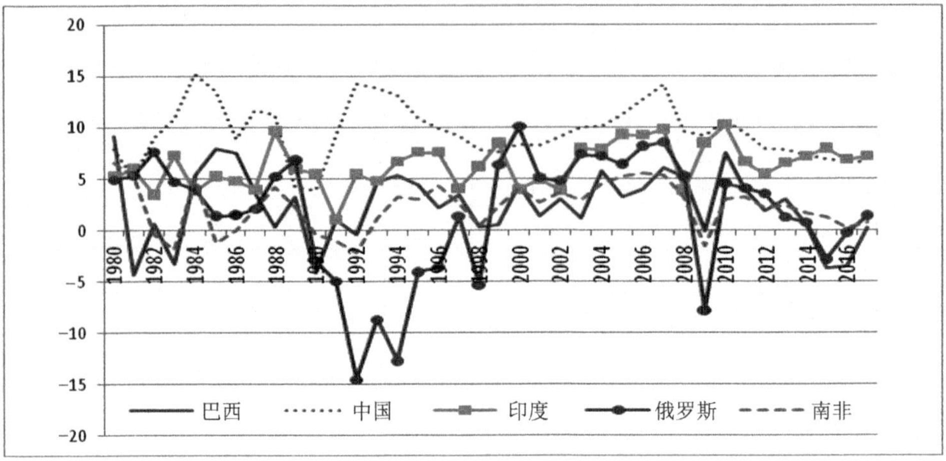

图 3-1　1980—2017 年金砖国家经济周期的变化

资料来源：国际货币基金组织数据库. World Economic Outlook Database, April 2017 和联合国统计署数据库. UNSD Statistical Databases。

结合上一章的分析结果和表 3-1 中的数据，1980—2017 年金砖国家经济周期处于谷底的时间概括如表 3-2 所示。

表 3-2　金砖国家经济周期处于谷底的时间

国家	经济周期处于谷底时间
巴西	1981—1990—1998/1999—2009—2015/2016
俄罗斯	1985—1992—1998—2009—2015
印度	1982—1991—2002—2008—2012
中国	1981—1990—1999—2009—2016
南非	1983—1992—1998—2009—2016

由表 3-2 可以看出，在 2000 年之前，金砖国家经济周期处于谷底的时间差异较多，而在 2000 年之后，金砖国家经济周期处于谷底时间的重合度明显提高，呈现出较强的协动性。

金砖国家在2000年前后经济周期协动性的变化也可以通过表3-3中给出的各国经济周期波动的相关系数来体现。为了避免样本中的“极值”对相关系数显著性的影响，我们不仅计算了皮尔逊（Pearson）相关系数，同时还考察了斯皮尔曼（Spearman）相关系数。Spearman 相关系数是把所研究的两个变量的有关数据给定一个排列次序，来计算序列相关系数。由于 Spearman

序列相关系数不是根据观察值，而是根据观察值的顺序号计算的相关系数，所以不会受到数据中特殊“极值”的影响，因而可以比较好地描述两变量之间变动的协同关系。由表 3-3 中的计算结果可以看出，在 1980—1999 年，金砖五国之间经济周期变化的相关系数(不论是Pearson相关系数还是Spearman相关系数）都没有显著性，甚至很多相关系数都是负值。而在 2000—2017 年，五国之间经济周期变化的相关系数很多都在 1%和 5%的置信度（双侧）水平上具有显著性，或者即使没有通过显著性检验，但其相关系数的数值比 1980—1999 年的水平明显提高。由此我们可以得出结论：在 2000 年之前，金砖国家经济周期的变化缺少协动性，而在 2000 年之后，则表现出了比较明显的协动性。

表 3-3　金砖国家之间经济周期波动的相关系数

			巴西	中国	印度	俄罗斯	南非
1980—1999年	巴西	Pearson 相关系数	1	0.406	-0.204	-0.034	0.266
		Spearman 相关系数	1	0.366	-0.335	-0.134	0.244
	中国	Pearson 相关系数	0.406	1	-0.071	-0.414	-0.108
		Spearman 相关系数	0.366	1	-0.184	-0.442	-0.097
	印度	Pearson 相关系数	-0.204	-0.071	1	0.083	0.284
		Spearman 相关系数	-0.335	-0.184	1	0.042	0.272
	俄罗斯	Pearson 相关系数	-0.034	-0.414	0.083	1	0.295
		Spearman 相关系数	-0.134	-0.442	-0.042	1	0.251
	南非	Pearson 相关系数	0.266	-0.108	0.284	0.295	1
		Spearman 相关系数	0.244	-0.097	0.272	0.251	1
2000—2017年	巴西	Pearson 相关系数	1	0.686**	0.098	0.680**	0.713**
		Spearman 相关系数	1	0.746**	0.091	0.711**	0.810**
	中国	Pearson 相关系数	0.686**	1	0.512*	0.560*	0.719**
		Spearman 相关系数	0.746**	1	0.504*	0.705**	0.804**
	印度	Pearson 相关系数	0.098	0.512*	1	-0.090	0.103
		Spearman 相关系数	0.091	0.504*	1	0.065	0.152
	俄罗斯	Pearson 相关系数	0.680**	0.560*	-0.090	1	0.900**
		Spearman 相关系数	0.711**	0.705**	0. 065	1	0.874**
	南非	Pearson 相关系数	0.713**	0.719**	0.103	0.900**	1
		Spearman 相关系数	0.810**	0.804**	0.152	0.874**	1

资料来源：根据国际货币基金组织数据库，World Economic Outlook Database, April 2017 和联合国统计署数据库，UNSD Statistical Databases 中的数据计算。

注：**、*分别表示在置信度（双侧）为 1%和 5%时，相关性是显著的。

从理论上来说，开放经济条件下国家之间经济周期波动出现协动性的原因主要可以归纳为三个方面：面临共同外部冲击、国家间紧密的经贸联系以及经济结构和政策的相似性。

首先，随着各国经济对外开放的深入和外部依赖性的加强，其经济周期在面临共同外部冲击（如世界经济的波动、世界能源和原材料价格的波动、国际贸易和国际资本流动的冲击以及其他一些突发事件）时往往会出现比较明显的同步性。1997 年爆发的东南亚金融危机对东亚国家和地区产生的冲击以及 2007 年爆发的美国次贷危机所引发的国际金融危机对世界各国产生的严重影响和冲击充分证明了这一点。具体到金砖国家来看，如图 3-2 所示，自 20 世纪 90 年代以来，金砖国家的外贸依存度尽管有所波动，但总体上呈现出了上升趋势，这在一定程度上反映了金砖国家对外开放程度的不断加深。市场的开放使得这些国家与世界经济的联系日益密切，受世界经济波动等外部冲击和影响的程度也日益提高，从而使其经济周期波动在面临共同外部冲击时可能会出现比较明显的协动性。

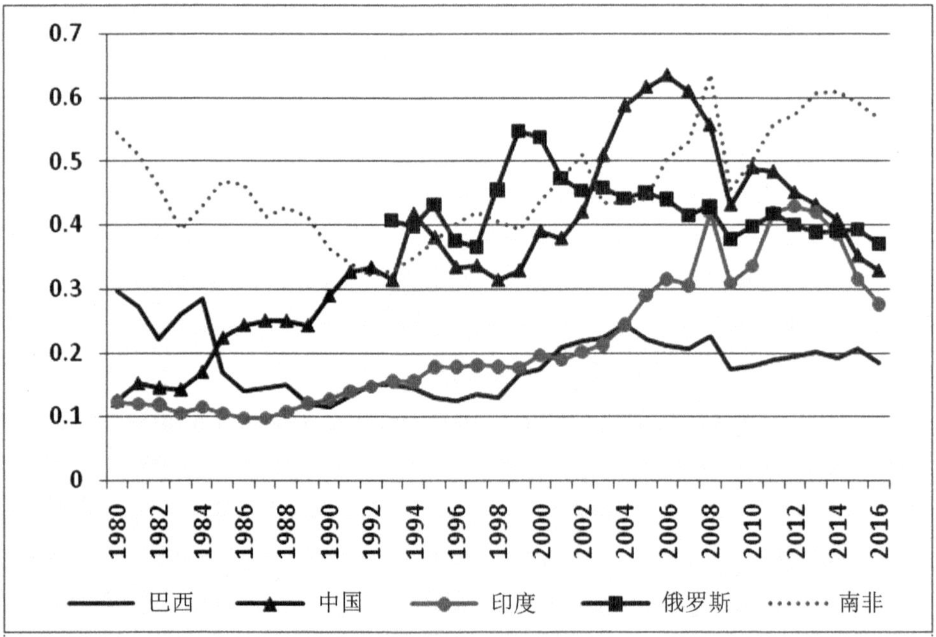

图 3-2　金砖国家外贸依存度的变化

资料来源：根据国际货币基金组织数据库，World Economic Outlook Database, April 2017 和世界贸易组织数据库，WTO Statistics Database 中的数据计算。

其次，许多理论研究和历史经验表明，在各国经济周期波动协动性的形成过程中，相互之间紧密的贸易和投资等经济联系发挥着基础性的纽带作用。一国经济周期不同发展阶段所导致的对外贸易、对外投资以及吸引外资状况的变动会产生与其他国家经济的相互影响，从而使得各国经济周期的波动趋于同步。随着对外开放的扩大，金砖国家间的贸易和投资迅速增长，从而使其经济发展联系成了一个较为紧密的整体。例如，根据中国商务部公布的数据，2001 年至 2010 年，金砖国家间的贸易年均增速高达 28%，贸易规模增长了 15 倍。2009—2014 年间尽管全球经济增速放缓，但金砖各国国际贸易总额年均增速超过 30%，在全球市场占比上升 3%。金砖各国互相之间的年贸易额也超过 3000 亿美元。[①]中国目前已经分别成为俄罗斯、巴西、印度和南非的第一大贸易伙伴、巴西和南非的第一大出口市场、俄罗斯的第二大出口市场、印度的第一大进口市场和第四大出口市场。[②]金砖国家贸易合作的深化也带动了投资与产业转移，推动金砖各国产业结构和贸易结构不断升级。日益紧密的贸易和投资等经济联系使得金砖国家之间的相互依赖和影响不断增强，从而有可能在很大程度上促进其经济周期波动出现协动性。

最后，各国经济结构和政策的相似性是经济周期协动性存在的重要基础。经济结构上的相似性会使得相关国家的经济周期波动出现相似的发展趋势，而经济政策的协调和趋同性也会进一步强化各国经济周期波动的同步性。从金砖国家的具体情况来看，这些国家都是规模较大的新兴和发展中国家，普遍处于经济转轨过程中，在经济体制、市场和人口规模、产业和贸易发展结构以及资本项目的开放程度等方面具有发展中大国的一些共同制度和体制等结构性特征。同时，金砖国家都面临着发展经济、应对国际资本流动的不利冲击、改革现行国际货币金融体系等任务，因此这些国家所采取的政策措施具有一定的相似性（比如面对美国次贷危机所引发的国际金融危机的冲击，这些国家普遍采取了扩张性的财政和货币政策，之后随着经济的复苏和回升，这些国家又采取了紧缩性的货币政策以应对日益加剧的通货膨胀和资产价格泡沫），而且它们在 IMF（国际货币基金组织）、世界银行、WTO 等国际组织和二十国集团等框架内加强了立场和政策协调（比如要求提高发展中国家和新兴经济体在国际组织中的话语权、改革现行国际货币金融体系以建立国际

① 复旦大学金砖国家研究中心、复旦大学经济学院编撰的《金砖国家贸易发展年度报告（2013—2014 年）》，人民网，http://world.people.com.cn/n/2014/1215/c157278-26210891.html。

② 金砖国家之间的贸易数据如附录 2 中附表 2.4 所示。

经济新秩序等)。这些都为金砖国家经济周期协动性的加强奠定了重要基础。

以上是从理论上简要概括了金砖国家经济周期波动出现较强协动性的可能原因，下面我们通过 SPSS 因子分析方法具体实证探讨金砖国家经济周期波动协动性的主要原因和影响因素。

第三节　金砖国家经济周期协动性的因子分析

一、因子分析的前提条件

在进行 SPSS 因子分析之前要先进行凯瑟-梅耶-欧巴金（KMO）抽样适当性检验和骑虎难下巴莱特（Bartlett）球形检验。其中 KMO 检验值在 0 到 1 之间，越接近于 1 说明进行因子分析的效果越好。而 Bartlett 球形检验则是假设变量间的相关系数矩阵是单位矩阵，若拒绝原假设则说明适合进行因子分析。

从表 3-4 中的检验结果来看，金砖国家在 1980—1999 年数据的 KMO 检验值为 0.435，表明极不适合进行因子分析；Bartlett 球形检验的观测值为 12.899，对应的概率 P 值为 0.229，如果显著性水平为 5%，则概率 P 值大于显著性水平，不能拒绝 Bartlett 球形检验的零假设，即不适合进行因子分析。这一检验结果与前面我们分析得出的金砖国家在 2000 年之前经济周期波动不具有协动性的结论是一致的。正是因为金砖五国经济周期是离散的，不具有协动性，所以无法进行因子分析提取共同的影响因子。

表 3-4　KMO 检验和 Bartlett 球形检验结果

		1980—1999 年	2000—2017 年
Kaiser-Meyer-Olkin 检验值		0.435	0.688
Bartlett 球形检验	近似卡方值（Approx. Chi-Square）	12.899	58.803
	自由度（df）	10	10
	显著性（Sig.）	0.229	0.000

注：利用 SPSS17.0 和金砖国家各国实际 GDP 增长率的数据进行的检验。

而另一方面，从表 3-4 中的检验结果来看，虽然金砖国家在 2000—2017

年数据的 KMO 检验值为 0.688，接近 0.7，表明也不太适合进行因子分析，但 Bartlett 球形检验的观测值为 58.803，对应的概率 P 值为 0，如果显著性水平为 5%，则概率 P 值小于显著性水平，应该拒绝 Bartlett 球形检验的零假设，即相关系数矩阵与单位矩阵存在显著差异，因此适合进行因子分析。①

二、因子的提取

表 3-5 是对金砖国家 2000—2017 年数据利用主成分分析法进行因子分析的初始解，显示了变量的共同度。表中“初始”列是因子分析初始解下的变量共同度，表明对五国经济周期变量如果采用主成分分析法提取所有五个特征根，则变量的所有方差都可以被解释，所以变量共同度均为 1。但因子分析的目标是通过降维使得因子数目小于原有变量的个数，因此不能提取全部特征根。表中“提取”列则是按照指定提取条件（在此我们指定特征根值大于 1）提取特征根时的变量共同度，这列数值都比较大，表明原有变量的信息丢失较少，原有变量的绝大部分信息可以被提取的因子解释。

表 3-5 SPSS 因子分析的初始解

国家	初始	提取
巴西	1.000	0.750
中国	1.000	0.892
印度	1.000	0.950
俄罗斯	1.000	0.898
南非	1.000	0.906

注：提取方法为主成分分析。

表 3-6 给出了因子解释原有变量总方差的情况，得到了两个特征根值大于 1 的因子。从初始因子解的情况来看，第一个因子的特征根值为 3.177，方差贡献率为 63.546%，累积方差贡献率为 63.546%；第二个因子的特征根值为 1.217，方差贡献率为 24.349%，累积方差贡献率为 87.895%，表明两个因子共解释了原有变量总方差的 87.895%。在采用方差最大法进行因子正交旋转后，两个因子的累积方差贡献率没有改变，也就是没有影响原有变量的

① 为了后文中能够对因子命名进行论证，我们选择利用 2000—2017 年的年度数据进行因子分析，样本量略显不足。原则上来说，因子分析的样本量越大越有利于保证变异幅度的稳定性。因此我们又利用 2000—2017 年的季度数据进行因子分析，与年度数据所得结果非常接近。这说明本书中利用年度数据进行因子分析的结果具有稳健性。

共同度，但是改变了各因子的方差贡献率。从结果来看，经过旋转之后，满足条件的前两个因子的方差贡献率差距有所减少。总的来看，前两个因子对解释原有变量的贡献很大，而其他因子的特征根值较小，对解释原有变量的贡献很小，因而提取两个因子是合适的。

表 3-6　SPSS 因子分析原有变量总方差的解释情况

成分	初始特征值			提取平方和载入			旋转平方和载入		
	合计	方差贡献（%）	累积方差贡献（%）	合计	方差贡献（%）	累积方差贡献（%）	合计	方差贡献（%）	累积方差贡献（%）
1	3.177	63.546	63.546	3.177	63.546	63.546	3.019	60.388	60.388
2	1.217	24.349	87.895	1.217	24.349	87.895	1.375	27.508	87.895
3	0.361	7.213	95.109						
4	0.173	3.452	98.561						
5	0.072	1.439	100.000						

注：提取方法为主成分分析法。

三、因子的命名和解释

表 3-7 显示了旋转前后的因子载荷矩阵。从旋转前的因子载荷矩阵来看，金砖五国经济周期变量在第一个因子上的载荷量都比较高，说明第一个因子能同时解释五国经济周期变动的信息。经过因子旋转后，中国和印度的经济周期变量在第一个因子上的载荷量下降比较明显，而在第二个因子上的载荷量非常高，说明第二个因子对两国经济周期变动的解释力较强。

表 3-7　旋转前后的 SPSS 因子载荷矩阵

成分矩阵			旋转成分矩阵		
国家	成分 1	成分 2	国家	成分 1	成分 2
南非	0.937	−0.167	俄罗斯	0.940	−0.119
俄罗斯	0.868	−0.381	南非	0.946	0.106
中国	0.862	0.385	巴西	0.852	0.153
巴西	0.861	−0.095	印度	−0.028	0.974
印度	0.250	0.942	中国	0.717	0.614

注：提取方法为主成分分析法，提取了两个成分；旋转法采用具有 Kaiser 标准化的方差最大化正交旋转法，旋转在三次迭代后收敛。

根据旋转前后的因子载荷矩阵我们提出因子命名假设：第一个因子命名

为世界经济波动因子，第二个因子命名为发展中大国特征因子。

如前述图 3-2 所示，2000 年之后金砖国家的外贸依存度尽管有所波动，但总体上与 2000 年之前相比呈现出了上升趋势。市场的开放使得这些国家与世界经济的联系日益密切，受世界经济波动冲击和影响的程度也日益提高。世界经济的冲击波动可以在很大程度上解释金砖国家经济周期的变化及其协动性，而五个国家经济周期变量在第一个因子上的载荷量都比较高，因此我们把第一个因子命名为世界经济波动因子，这个因子的冲击会加剧金砖国家经济周期的波动。

另一方面，金砖国家都是规模较大的新兴和发展中国家，其中中国和印度是人口最多的两个新兴市场经济体，同处亚洲，具有发展中大国的一些共同特征，其经济周期变量在第二个因子上的载荷量非常高，所以我们把第二个因子命名为发展中大国特征因子，这一因子可能在一定程度上会减缓金砖国家经济周期的波动，使其经济发展呈现出稳定化趋势。

下面我们具体来论证上述因子命名的合理性。

表 3-8 给出了 SPSS 因子分析过程中利用回归分析方法估计得到的因子得分系数矩阵。

表 3-8　SPSS 因子得分系数矩阵

国家	成分 1	成分 2
巴西	0.282	0.002
中国	0.170	0.381
印度	-0.144	0.764
俄罗斯	0.351	-0.222
南非	0.322	-0.048

注：提取方法为主成分分析法；旋转法采用具有 Kaiser 标准化的方差最大化正交旋转法。

根据该矩阵的数值，可以写出第一个因子和第二个因子的得分函数分别如（3-1）式和（3-2）式所示。

$$F1=0.282\times 巴西+0.170\times 中国-0.144\times 印度+0.351\times 俄罗斯+0.322\times 南非 \tag{3-1}$$

$$F2=0.002\times 巴西+0.381\times 中国+0.764\times 印度-0.222\times 俄罗斯-0.048\times 南非 \tag{3-2}$$

（注：式中国家名称代表该国经济周期变量（实际 GDP 增长率））

根据式（3-1）和式（3-2）中两个因子的得分函数，我们分别通过变量标准化和没有进行标准化计算得出第一个因子和第二个因子的得分如表 3-9 所示。

表 3-9　两个因子的得分

年份	SF1	NSF1（%）	SF2	NSF2（%）
2000	1.15	6.96	-1.93	3.82
2001	0.10	3.76	-1.06	5.68
2002	0.41	4.69	-1.27	5.23
2003	0.31	4.41	0.07	8.11
2004	0.90	6.20	0.04	8.04
2005	0.65	5.42	0.82	9.74
2006	1.04	6.61	0.88	9.85
2007	1.31	7.44	1.30	10.76
2008	0.63	5.38	-1.23	5.32
2009	-2.11	-2.93	1.78	11.79
2010	0.51	5.01	1.30	10.75
2011	0.26	4.26	-0.15	7.64
2012	-0.14	3.04	-0.77	6.32
2013	-0.32	2.48	-0.18	7.57
2014	-0.76	1.15	0.03	8.03
2015	-1.67	-1.61	0.60	9.25
2016	-1.42	-0.86	-0.07	7.80
2017	-0.85	0.89	-0.15	7.64

注：SF1 和 SF2 分别表示变量进行标准化后第一个因子和第二个因子的得分；NSF1 和 NSF2 则分别表示变量没有进行标准化时第一个因子和第二个因子的得分。

如果我们用世界经济（实际 GDP）增长率或者先进经济体经济增长率（如表 3-10 所示）的变化代表世界经济波动对金砖国家经济周期变化的冲击因素，然后分别计算第一个因子和第二个因子得分与世界经济增长率和先进经济体经济增长率之间的相关系数，如表 3-11 所示。

表 3-10 世界经济增长率和先进经济体经济增长率的变化

年份	世界经济增长率（%）	先进经济体经济增长率（%）
2000	4.821	4.116
2001	2.484	1.565
2002	2.957	1.722
2003	4.278	2.053
2004	5.406	3.222
2005	4.858	2.77
2006	5.458	3.013
2007	5.616	2.683
2008	3.018	0.131
2009	-0.105	-3.407
2010	5.402	3.059
2011	4.233	1.723
2012	3.533	1.178
2013	3.435	1.322
2014	3.495	1.954
2015	3.354	2.145
2016	3.107	1.686
2017	3.46	2.005

资料来源：国际货币基金组织数据库，World Economic Outlook Database, April 2017。

表 3-11 两个因子得分与世界经济增长率和先进经济体经济增长率之间的相关系数

	世界经济增长率		先进经济体经济增长率	
	Pearson 相关系数	Spearman 相关系数	Pearson 相关系数	Spearman 相关系数
SF1	0.764** （0.000）	0.713** （0.001）	0.632** （0.005）	0.612** （0.007）
NSF1	0.764** （0.000）	0.713** （0.001）	0.632** （0.005）	0.612** （0.007）
SF2	0.059 （0.818）	0.404 （0.097）	-0.217 （0.387）	0.296 （0.233）
NSF2	0.059 （0.818）	0.404 （0.097）	-0.217 （0.387）	0.296 （0.233）

注：括号中的数字为 P 值（双侧）；**、*分别表示在置信度（双侧）为 1%和 5%时，相关性是显著的。

通过表 3-11 中的 Pearson 相关系数和 Spearman 相关系数我们可以发现，第一个因子的得分与先进经济体经济增长率特别是世界经济增长率之间存在非常显著的相关性，也就是说因子分析所提取出的第一个因子可以在一定程度上反映世界经济波动的冲击，因此我们把第一个因子命名为世界经济波动因子是合理的。第二个因子的得分与世界经济增长率特别是先进经济体经济增长率之间不存在相关性，说明因子分析所提取出的第二个因子可以在一定程度上抵御世界经济特别是先进经济体经济波动的冲击，这可能与金砖国家作为新兴市场经济体和发展中大国所具有的特殊制度和体制等因素有关，因此我们把第二个因子命名为发展中大国特征因子。因此，上述因子分析的结果意味着金砖国家经济周期协动性的产生，在很大程度上是由于世界经济特别是先进经济体的经济波动冲击和发展中大国特征因素综合作用的结果。

第四节　结论及启示

综上所述，本章研究认为，2000 年之后金砖国家经济周期波动存在比较明显的协动性。SPSS 因子分析结果表明，金砖国家经济周期协动性的出现在很大程度上是源自世界经济特别是先进经济体经济波动的冲击和发展中大国特征因素的综合作用。这一结论具有较强的政策含义和启示。

首先，本章的研究结论可以在一个侧面反映金砖国家合作机制的形成原因。金砖国家之所以在近年来加强多边合作，除了要维护新兴市场和发展中国家的共同利益、“抱团”提高在世界政治经济中的地位和话语权之外，很重要的一个原因是在 21 世纪随着这些国家对外开放的扩大，各国面临外部冲击的风险日益增加，他们迫切需要在国际经济、贸易和金融发展等领域加强合作和协调以应对共同面临的风险和挑战。中国、俄罗斯、印度和巴西的领导人于2009年6月首次在俄罗斯会晤的中心议题就是商讨如何应对美国次贷危机引发的国际金融危机所产生的影响和冲击，因此可以说，金砖国家合作机制就是因国际金融危机而生的，是为了共同应对国际金融危机对经济周期波动产生的不利冲击而形成的。之后举行的历次金砖国家领导人会晤均对世界经济形势进行了探讨和展望，自然也包括对这些新兴经济体和发展中国家如何共同应对世界经济特别是先进经济体经济波动和冲击问题的讨论。因此，金砖国家合作机制反映了这些国家在面临外部冲击时的共同诉求，从这个意义上说其形成具有一定的历史必然性。

其次，更为重要的是，本章的研究结论也凸显出金砖国家在未来进一步加强经济合作和政策协调的必要性。金砖国家经济周期协动性的增强在很大程度上反映出随着对外开放的扩大，这些国家的经济发展已经联系成了一个紧密的整体。目前，金砖国家虽然已经形成了以领导人会晤为引领，以外长、贸易部长、财长与央行行长会晤以及安全事务高级代表会议等部长级会议为支撑，以及以工商界、金融、投资和智库合作为支撑的多层次合作架构和机制，但今后务实合作仍需继续深化和加强。金砖国家应当进一步积极挖掘合作潜力，充分发挥中国在劳动力和制造业、俄罗斯在资源和能源、巴西在农产品、印度在高科技和信息技术、南非在矿产以及南部非洲的地缘等方面的优势和互补性，通过扩大相互间贸易和投资进一步加强多领域交流合作，以推动各国经济的共同发展。特别是金砖国家经济周期共同受到世界经济波动和发展中大国因素的双重作用和影响，而且当今经济全球化表现出很多新特点和新态势，各国经济发展与气候变化、粮食安全、能源资源安全以及重大自然灾害等全球性问题错综复杂地相互交织在一起，当金砖国家经济周期波动共同面临不利冲击时，各国更应该进一步加强经贸合作和政策协调，充分利用发展中大国所拥有的有利因素和成功经验，保持各国经济的稳定发展。另一方面，金砖国家目前虽然在世界经济中的地位和话语权有所提升①，但整体实力仍有待进一步加强。金砖国家作为一个开放性的合作机制，应该欢迎那些具有较强经济实力和发展潜力、相当人口规模、较强地区代表性和较大国际影响力的国家在条件成熟时加入，以进一步提升整体实力，共同应对冲击和挑战。进一步研究发现，金砖国家与其他一些新兴和发展中国家（比如墨西哥）之间的经济周期波动也存在较强协动性②。这说明金砖国家与这些国家作为规模较大的新兴和发展中经济体，在经济体制、市场规模、产业和贸易发展结构等方面具有发展中大国的一些共同制度和体制等特征，从而使得其经济周期波动在面临共同外部冲击时会产生比较明显的协动性。因

① 比如 2010 年“金砖国家”在国际货币基金组织和世界银行的份额和投票权增加、话语权有所增强。

② 我们曾在《亚太经济》2011 年第 6 期探讨了金砖国家与墨西哥经济周期的协动性，感兴趣的读者可以参考。

此，金砖国家未来可以考虑进行适当扩容[①]，以便当经济周期波动面临共同不利冲击时，各国通过在更大范围、更广领域内加强经贸合作和政策协调，从而有利于促进各国经济的持续稳定健康发展。换句话说，本章的研究结论在一定意义上也为经济全球化深入发展背景下金砖国家与更多国家加强经济合作和政策协调提供了一定的依据和参考。

① 2011 年高盛公司提出“增长型市场”（Growth Markets）的概念，将发达经济体之外的、至少占到全球 GDP 1%的经济体定义为“增长型市场”，目前包括巴西、俄罗斯、印度、中国等“金砖四国”和“新钻 11 国”（N-11）中最大的四个：墨西哥、韩国、土耳其和印度尼西亚，认为“增长型市场”发展潜力巨大，将引领世界经济的未来发展。“金砖国家”可以考虑在“增长型市场”中选择扩容对象。2017 年中国作为金砖国家主席国，创造性提出“金砖＋”概念，希望不断扩展金砖合作的“朋友圈”，将更多的新兴经济体和发展中国家纳入金砖合作的范畴。

第四章　金砖国家通货膨胀周期的协动性

通货膨胀状况是一国经济周期波动的重要体现。本章进一步利用 SPSS 因子分析和聚类分析探讨金砖国家通货膨胀周期的协动性及其影响因素，从而在一个侧面反映金砖国家经济周期波动的关系及不同特点，并且也可以为中国治理通货膨胀政策的制定提供一定的借鉴和参考。

第一节　金砖国家通货膨胀周期协动性的状况

我们用金砖国家各国消费者价格指数（CPI）增长率的变化来反映其通货膨胀的变化。图 4-1 给出了 1993 年 1 月—2017 年 6 月金砖国家通货膨胀率的变化情况。由于巴西和俄罗斯在一些年份发生了恶性通货膨胀，导致金砖国家通货膨胀率的极端值、均值和方差差别很大（如表 4-1 所示），所以我们在图 4-1 中舍弃了巴西在 1993 年 4 月—1995 年 6 月和俄罗斯在 1993 年 4 月—1999 年 12 月发生恶性通货膨胀的数据，以便能够在一个统一的图形框架中观察金砖五国通货膨胀率变化的趋势和特征。如图 4-1 所示，金砖五国通货膨胀率的变化周期在某些时间段存在着比较明显的同步上升和下降的趋势，比如 1993—1997 年、2002—2005 年、2007—2011 年、2015—2017 年等等。虽然各国通货膨胀周期波峰和谷底出现的时间并不完全一致，但考虑到各国周期之间传递的时滞及由此导致的领先—滞后结构，这些国家周期上升阶段和下降阶段持续的时间基本重合，波峰和谷底出现的时间比较接近。也就是说，金砖国家通货膨胀周期的变化在某些时间段还是呈现出了较强的协动性。

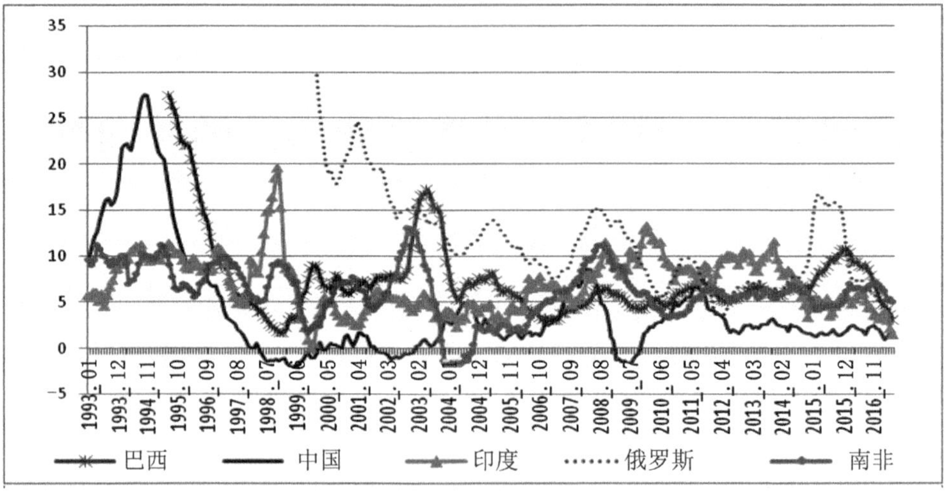

图 4-1　1993 年 1 月—2017 年 6 月金砖国家通货膨胀率的变化

资料来源：毕迪威（BvD）数据库（EIU CountryData）。

表 4-1　1993 年 1 月—2017 年 6 月金砖国家通货膨胀率的描述性统计

国家	最小值	最大值	均值	标准差
巴西	1.65	4922.20	199.47	702.03
中国	−2.05	27.60	4.24	6.15
印度	0.02	19.62	7.05	3.05
俄罗斯	3.61	1036.31	75.22	185.44
南非	−2.01	13.05	6.14	2.88

资料来源：利用 BvD 数据库（EIU CountryData）中的数据计算。

金砖国家通货膨胀周期协动性的状况也可以通过表 4-2 中给出的各国通货膨胀周期波动的相关系数来体现。同样，考虑到相关系数的显著性有可能受到样本中存在着“极值”的影响，我们不仅计算了 Pearson 相关系数，同时还计算了 Spearman 序列相关系数。由表中的数据可以看出，金砖国家两两之间通货膨胀周期变化的 Pearson 相关系数除了印度与俄罗斯之间没有显著性，其他都在 1%的置信度（双侧）水平上具有显著性。Spearman 序列相关系数中，除了印度与巴西、印度与俄罗斯之外，其他也都在 1%的置信度（双侧）水平上具有显著性。而且如果考虑到各国通货膨胀周期变化可能存在领先—滞后结构的话，其相关系数会更加显著。由此我们可以得出结论：在我们所考察的时间段内，金砖国家通货膨胀周期的变化总体上表现出了比较明显的协动性。

表 4-2　1993 年 1 月—2017 年 6 月金砖国家通货膨胀率波动的相关系数

		巴西	中国	印度	俄罗斯	南非
巴西	Pearson 相关系数	1	0.728**	0.176**	0.753**	0.271**
	Spearman 相关系数	1	0.402**	−0.088	0.576**	0.275**
中国	Pearson 相关系数	0.728**	1	0.278**	0.659**	0.346**
	Spearman 相关系数	0.402**	1	0.319**	0.116*	0.210**
印度	Pearson 相关系数	0.176**	0.278**	1	0.097	0.375**
	Spearman 相关系数	−0.088	0.319**	1	−0.035	0.349**
俄罗斯	Pearson 相关系数	0.753**	0.659**	0.097	1	0.353**
	Spearman 相关系数	0.576**	0.116*	−0.035	1	0.409**
南非	Pearson 相关系数	0.271**	0.346**	0.375**	0.353**	1
	Spearman 相关系数	0.275**	0.210**	0.349**	0.409**	1

资料来源：利用 BvD 数据库（EIU CountryData）中的数据计算。

注：*表示在置信度（双侧）为 5%时，相关性是显著的，**表示在置信度（双侧）为 1%时，相关性是显著的。

如前章所述，从理论上来说，开放经济条件下国家之间经济周期出现协动性的原因主要可以归纳为三个方面：面临共同外部冲击、国家间紧密的经贸联系以及经济结构和政策的相似性。同样，通货膨胀周期协动性的原因也应该是主要源于这三个方面。下面我们通过 SPSS 因子分析和聚类分析方法具体实证探讨金砖国家通货膨胀周期波动协动性的主要原因和影响因素。

第二节　金砖国家通货膨胀周期协动性的因子分析与聚类分析

由于 1993 年之前的通货膨胀月度数据不可得，所以下面有关因子分析和聚类分析基于金砖国家在 1993 年 1 月—2017 年 6 月的通货膨胀数据进行研究。

一、因子分析的前提条件

如前章所述，在进行 SPSS 因子分析之前要先进行 KMO 抽样适当性检验和 Bartlett 球形检验。其中 KMO 检验值在 0 到 1 之间，越接近于 1 说明进行因子分析的效果越好。而 Bartlett 球形检验则是假设变量间的相关系数矩阵是单位矩阵，若拒绝原假设则说明适合进行因子分析。

从表 4-3 中的检验结果来看，金砖国家通货膨胀周期数据的 KMO 检验值为 0.722，表明可以进行因子分析。同时 Bartlett 球形检验的观测值为 592.193，对应的概率 P 值为 0，如果显著性水平为 1%或 5%，则概率 P 值小于显著性水平，应该拒绝 Bartlett 球形检验的零假设，即相关系数矩阵与单位矩阵存在显著差异，因此适合进行因子分析。

表 4-3 KMO 检验和 Bartlett 球形检验结果

<table>
<tr><td colspan="2">Kaiser-Meyer-Olkin 检验值</td><td>0.722</td></tr>
<tr><td rowspan="3">Bartlett 球形检验</td><td>近似卡方值（Approx. Chi-Square）</td><td>592.193</td></tr>
<tr><td>自由度（df）</td><td>10</td></tr>
<tr><td>显著性（Sig.）</td><td>0.000</td></tr>
</table>

注：利用 SPSS 和 BvD 数据库（EIU CountryData）中的数据进行的检验。

二、因子的提取

表 4-4 是对金砖国家通货膨胀周期数据利用主成分分析法进行因子分析的初始解，显示了变量的共同度。表中“初始”列是因子分析初始解下的变量共同度，表明对五国通货膨胀周期变量如果采用主成分分析法提取所有五个特征根，则变量的所有方差都可以被解释，所以变量共同度均为 1。但因子分析的目标是通过降维使得因子数目小于原有变量的个数，因此不能提取全部特征根。表中“提取”列则是按照指定提取条件（在此我们指定特征根值大于 1）提取特征根时的变量共同度，这列数值都比较大，表明原有变量的信息丢失较少，原有变量的绝大部分信息可以被提取的因子解释。

表 4-4 SPSS 因子分析的初始解

国家	初始	提取
巴西	1.000	0.845
中国	1.000	0.772
印度	1.000	0.776
俄罗斯	1.000	0.820
南非	1.000	0.627

注：提取方法为主成分分析法。

表 4-5 给出了因子解释原有变量总方差的情况，得到了两个特征根值大于 1 的因子。从初始因子解的情况来看，第一个因子的特征根值为 2.726，方差贡献率为 54.521%，累积方差贡献率为 54.521%；第二个因子的特征根值为 1.114，方差贡献率为 22.277%，累积方差贡献率为 76.798%，表明两个因子共解释了原有变量总方差的 76%以上。在采用方差最大法进行因子正交旋转后，两个因子的累积方差贡献率没有改变，也就是没有影响原有变量的共同度，但是改变了各因子的方差贡献率。从结果来看，经过旋转之后，满足条件的前两个因子的方差贡献率差距有所减少。总的来看，前两个因子对解释原有变量的贡献很大，而其他因子的特征根值较小，对解释原有变量的贡献很小，因而提取两个因子是合适的。

表 4-5　SPSS 因子分析原有变量总方差的解释情况

成分	初始特征值			提取平方和载入			旋转平方和载入		
	合计	方差的%	累积%	合计	方差的%	累积%	合计	方差的%	累积%
1	2.726	54.521	54.521	2.726	54.521	54.521	2.423	48.458	48.458
2	1.114	22.277	76.798	1.114	22.277	76.798	1.417	28.340	76.798
3	0.630	12.607	89.405						
4	0.311	6.219	95.624						
5	0.219	4.376	100.000						

注：提取方法为主成分分析法。

三、因子的命名和解释

表 4-6 显示了旋转前后的因子载荷矩阵。从旋转前的因子载荷矩阵来看，金砖五国通货膨胀周期变量在第一个因子上的载荷量总体上都比较高，说明第一个因子能同时解释五国通货膨胀周期变动的信息。经过因子旋转后，南非和印度的经济周期变量在第一个因子上的载荷量下降比较明显，而在第二个因子上的载荷量比较高，说明第二个因子对两国通货膨胀周期变动的解释力较强。

表 4-6　旋转前后的 SPSS 因子载荷矩阵

成分矩阵			旋转成分矩阵		
国家	成分 1	成分 2	国家	成分 1	成分 2
中国	0.871	−0.121	巴西	0.913	0.107
巴西	0.869	−0.299	俄罗斯	0.901	0.090
俄罗斯	0.851	−0.309	中国	0.837	0.269
印度	0.401	0.784	印度	0.022	0.880
南非	0.572	0.547	南非	0.278	0.742

注：提取方法为主成分分析法，提取了两个成分；旋转法采用具有 Kaiser 标准化的方差最大化正交旋转法，旋转在三次迭代后收敛。

根据旋转前后的因子载荷矩阵我们提出因子命名假设：第一个因子命名为世界通货膨胀波动因子，第二个因子命名为发展中大国特征因子。

如前所述，自 20 世纪 90 年代以来，金砖国家的外贸依存度尽管有所波动，但总体上呈现出了上升趋势，这些国家市场开放程度的提高使其与世界经济的联系日益密切，受世界经济波动冲击和影响的程度也日益提高。世界经济的冲击波动可以在很大程度上解释金砖国家通货膨胀周期的变化及其协动性，而五个国家通货膨胀周期变量在第一个因子上的载荷量都比较高，因此我们把第一个因子命名为世界通货膨胀波动因子。这一因子会加剧各国通货膨胀的波动，使其周期容易出现“大起大落”型的变化。美国次贷危机所引发的国际金融危机对金砖国家产生的严重影响和冲击在一定程度上证明了这一点。另一方面，金砖国家都是人口和市场规模较大的新兴和发展中国家，普遍处于经济转轨过程中，在经济政策、产业和贸易发展结构以及资本项目的开放程度等方面具有发展中大国的一些共同制度和体制等特征，所以我们把第二个因子命名为发展中大国特征因子。这一因子可能在一定程度上有利于抵御世界经济和通货膨胀波动的冲击，从而使各国通货膨胀的变化比较平稳。下面我们具体论证上述因子命名的合理性。

表 4-7 给出了 SPSS 因子分析过程中利用回归分析方法估计得到的两个因子的得分系数矩阵。根据该矩阵的数值，可以写出第一个因子和第二个因子的得分函数，分别如式（4-1）和式（4-2）所示。

表 4-7　SPSS 因子得分系数矩阵

国家	成分 1	成分 2
巴西	0.404	-0.104
中国	0.335	0.041
印度	-0.172	0.698
俄罗斯	0.402	-0.115
南非	-0.024	0.534

注：提取方法为主成分分析法，旋转法采用具有 Kaiser 标准化的方差最大化正交旋转法。

$$F1=0.404\times 巴西+0.335\times 中国-0.172\times 印度+0.402\times 俄罗斯-0.024\times 南非 \quad (4-1)$$

$$F2=-0.104\times 巴西+0.041\times 中国+0.698\times 印度-0.115\times 俄罗斯+0.534\times 南非 \quad (4-2)$$

（注：式中国家名称代表该国通货膨胀周期变量（CPI 增长率））

根据式（4-1）和式（4-2）中两个因子的得分函数，我们利用 SPSS，通过变量标准化方法计算得出第一个因子和第二个因子的得分。[①]如果我们用世界通货膨胀率（CPI 增长率）、先进经济体通货膨胀率（CPI 增长率）和美元实际有效汇率等指标的变化代表世界通货膨胀波动对金砖国家通货膨胀周期变化的冲击因素，然后分别计算第一个因子得分和第二个因子得分与世界通货膨胀率、先进经济体通货膨胀率以及美元实际有效汇率之间的 Pearson 相关系数和 Spearman 相关系数，如表 4-8 所示。通过相关系数我们可以发现，第一个因子的得分与世界通货膨胀率以及先进经济体通货膨胀率之间不论 Pearson 相关系数还是 Spearman 序列相关系数都存在非常显著的相关性，也就是说因子分析所提取出的第一个因子可以在一定程度上反映世界通货膨胀波动的冲击，因此我们把第一个因子命名为世界通货膨胀波动因子是合理的。第二个因子的得分与世界通货膨胀率以及先进经济体通货膨胀率之间不存在相关性，说明因子分析所提取出的第二个因子可以在一定程度上抵御世界通货膨胀波动的冲击，这可能与金砖国家作为新兴市场经济体和发展中大国所具有的特殊制度和体制等因素有关，因此我们把第二个因子命名为发展中大国特征因子。美元实际有效汇率与第一个因子得分和第二个因子得分都具有较显著的相关性，说明美元汇率的变化可能对金砖国家通货膨胀周期的影响

① 篇幅所限本书没有列出，感兴趣的读者可以向作者索取。

是双向的：美元贬值一方面可能会造成世界通货膨胀，从而加剧金砖国家通货膨胀周期的波动；但另一方面也可能会通过抑制金砖国家的需求特别是外部需求而产生减缓其通货膨胀周期波动的影响。

表 4-8 两个因子得分与选定的世界经济宏观指标之间的相关系数

	世界通货膨胀率		先进经济体通货膨胀率		美元实际有效汇率	
	Pearson 相关系数	Spearman 相关系数	Pearson 相关系数	Spearman 相关系数	Pearson 相关系数	Spearman 相关系数
因子 1	0.929** (0.000)	0.614** (0.001)	0.358 (0.086)	0.436* (0.033)	−0.419** (0.000)	−0.539** (0.000)
因子 2	−0.923** (0.000)	−0.337 (0.108)	−0.356 (0.088)	−0.370 (0.075)	0.419** (0.000)	0.532** (0.000)

注：（1）括号中的数字为 p 值（双侧）；**、*分别表示在置信度（双侧）为 1%和 5%时，相关性是显著的；（2）由于世界通货膨胀率（CPI 增长率）和先进经济体通货膨胀率（CPI 增长率）只有年度数据，所以我们将两个因子在 1993 年 1 月—2016 年 12 月的月度得分按照年度进行平均得到年度得分，然后分别计算与世界通货膨胀率和先进经济体通货膨胀率之间的相关系数；（3）世界通货膨胀率和先进经济体通货膨胀率的年度数据源自国际货币基金组织数据库（World Economic Outlook Database），1994 年 1 月—2017 年 6 月美元实际有效汇率月度数据源自国际清算银行统计数据（BIS effective exchange rate indices）。

综合以上因子分析的结果可以看出，巴西和俄罗斯的通货膨胀周期变量在第一个因子上的载荷量非常高（如表 4-6 所示），说明这两国受世界通货膨胀波动因子的冲击非常大，其通货膨胀周期也表现出了典型的“大起大落”型（如表 4-1 所示）。而印度和南非的通货膨胀周期变量在第二个因子上的载荷量比较高（如表 4-6 所示），说明这两国受发展中大国特征因子的影响更大一些，其通货膨胀周期表现出了比较平稳的特点（如表 4-1 所示）。中国的情况则比较特殊，其通货膨胀周期波动总体上看是介于以上两种类型之间。一方面，中国的通货膨胀周期变量在第一个因子上的载荷量比较高，说明中国受世界通货膨胀波动因子的冲击也比较明显，其通货膨胀周期容易出现“大起大落”的倾向；另一方面，中国的通货膨胀周期变量在第二个因子上的载荷量虽然比印度和南非小，但却比巴西和俄罗斯高得多，这说明中国通货膨胀周期波动也会受到发展中大国特征因子的影响，从而表现出一定的稳定化特征。这一结论与一些学者（如中国经济增长与宏观稳定课题组，2008）对中国通货膨胀的研究结论具有一致性。

四、金砖国家通货膨胀周期的聚类分析

为进一步分析金砖国家之间通货膨胀周期的"亲疏程度",我们利用 SPSS 进行分层聚类分析。其中选择分类数为两类,度量各国通货膨胀周期个体"亲疏程度"采用平方欧式距离（Squared Euclidean distance），而度量个体与小类、小类与小类之间的"亲疏程度"则采用离差平方和距离法（Ward 方法）。同时，为消除各国通货膨胀水平在数量级上的差异，我们对其进行标准化，将各国通货膨胀率变量减去其均值后除以标准差，标准化后的变量均值为 0，标准差为 1(即 Z 分数方法)。分层聚类分析结果的凝聚状态表如表 4-9 所示。

表 4-9　SPSS 分层聚类分析的凝聚状态表

阶段	聚类组合		系数	聚类首次出现的阶段		下一阶段
	聚类 1	聚类 2		聚类 1	聚类 2	
1	1	4	72.414	0	0	2
2	1	2	168.131	1	0	4
3	3	5	351.135	0	0	4
4	1	3	698.935	2	3	0

根据表 4-9 显示的结果，在聚类分析的第一阶段，1 号样本（巴西）和 4 号样本（俄罗斯）聚成一小类，它们的个体平方欧式距离是 72.414，这个小类以该小类中第一个样本号 1 为标记，将在第二阶段用到。同理，在聚类分析的第三阶段，3 号样本（印度）和 5 号样本（南非）聚成一小类，它们的个体平方欧式距离是 351.135，该小类以样本号 3 为标记，将在第四阶段用到。以此类推，SPSS 分层聚类分析的最终结果如表 4-10 所示。

表 4-10　SPSS 分层聚类分析结果

国家	两类
巴西	1
中国	1
印度	2
俄罗斯	1
南非	2

与前述因子分析结果相一致，分层聚类分析将因子分析中在第一个因子

上载荷量很高的巴西、俄罗斯和中国聚为一类，而将第二个因子上载荷量较高的印度和南非聚为另一类。巴西和俄罗斯的通货膨胀周期属于典型的“大起大落”型；而印度和南非的通货膨胀周期则属于比较平稳型。中国的通货膨胀周期波动程度虽然不如巴西和俄罗斯那样剧烈，但样本期内波动程度比印度和南非的要大，具有“大起大落”的倾向。

第三节 结论及启示

综上所述，本章研究认为，金砖国家通货膨胀周期波动存在比较明显的协动性。SPSS 因子分析和聚类分析结果表明，金砖国家通货膨胀周期协动性的出现在很大程度上是源自世界通货膨胀波动的冲击和发展中大国因素的综合作用。金砖国家通货膨胀周期可以分为“大起大落”型和比较稳定型。中国通货膨胀周期波动虽介于这两者之间，但更具有“大起大落”的倾向。这些分析结论具有比较强的政策含义和启示。

首先，与上一章一样，本章的研究结论可以在一个侧面反映金砖国家合作机制的形成原因。随着这些国家对外开放的扩大，各国面临外部冲击的风险日益增加，他们迫切需要在国际经济、贸易和金融发展等领域加强合作和协调，以应对共同面临的风险和挑战。特别是当其包括通货膨胀在内的经济周期波动由于受到世界经济波动冲击而出现比较明显的协动性时，这些国家自然会寻求通过加强合作来应对世界经济波动的不利影响。金砖国家合作机制反映了这些国家在面临外部冲击时的共同诉求，从这个意义上说其形成具有一定的历史必然性。同时，本章的研究结论也凸显出金砖国家在未来进一步加强经济合作和政策协调、甚至通过吸纳更多国家加入而进行进一步扩容的必要性。金砖国家通货膨胀周期共同受到世界通货膨胀波动和发展中大国因素的双重作用和影响，而且当今经济全球化表现出很多新特点和新态势，各国经济发展和通货膨胀变化与世界经济发展、气候变化、粮食安全、能源资源安全以及重大自然灾害等全球性问题错综复杂地相互交织在一起，当金砖国家通货膨胀周期和实体经济周期波动共同面临不利冲击时，各国更应该进一步加强经贸合作和政策协调，充分利用发展中大国所拥有的有利因素和成功经验，从而有效治理通货膨胀、更好地推动经济发展（比如中国在 2013

年、2014 年和 2015 年分别与巴西、俄罗斯和南非达成的 1900 亿元、1500 亿元以及 300 亿元人民币的双边货币互换协议[①]以及 2015 年金砖国家新开发银行的开业和金砖国家应急储备安排的设立，在一定程度上可以降低美元汇率波动带来输入性通货膨胀的风险，促进经济平稳发展）。金砖国家今后还可以考虑适当吸纳更多与其经济周期和通货膨胀周期波动存在较强协动性的规模较大的新兴和发展中国家加入而进行进一步扩容，以便通过在更大范围内加强经济合作和政策协调来共同应对冲击和挑战，以共享经济稳定发展和繁荣。

其次，本章的研究结论可以为今后中国治理通货膨胀政策的制定提供一定的参考和启示。20 世纪 90 年代以来，我国曾在不同时期根据经济发展和通货膨胀的实际情况，灵活运用财政政策和货币政策进行宏观调控。例如，20 世纪 90 年代初，我国经济中出现了较严重的通货膨胀。为了抑制通货膨胀，从 1993—1997 年，我国实施了适度从紧的财政政策和适度从紧的货币政策进行配合，从而使过高的通货膨胀率得到了有效的控制，经济成功实现了“软着陆”。而 1997 年东南亚金融危机爆发后，由于受世界经济不景气的影响，我国经济运行中又出现了通货紧缩的局面。为了应对亚洲金融危机的冲击、治理通货紧缩趋势、刺激有效需求以拉动经济增长，我国于 1998—2004 年连续实施了 7 年积极的财政政策和稳健的货币政策。这一政策组合对于抵御亚洲金融危机的冲击、化解国民经济运行周期低迷阶段和通货紧缩产生的种种压力、保持经济社会平稳发展，发挥了重要作用。但是，随着积极财政政策作用效果的发挥，我国宏观经济形势在 2004 年发生了重大变化，经济持续高速增长重新带来了经济过热的通货膨胀风险。根据经济形势的新变化和宏观调控的新需要，我国在 2004 年 5 月又及时将积极财政政策调整为实行稳健的财政政策，与稳健的货币政策进行配合，以便缓和经济偏热带来的通货膨胀压力。之后，在 2007 年 12 月召开的中央经济工作会议上，我国又将实行了 10 年之久的“稳健的货币政策”调整为“从紧的货币政策”，以防止经济增长由偏快转为过热、防止价格由结构性上涨演变为明显的通货膨胀。而 2008 年下半年开始，我国经济受次贷危机和国际金融危机影响日益明显，为应对国际、国内经济出现的新形势、防止经济增速大幅下滑和通货紧缩、通过扩大内需来拉动经济增长，我国在 2008 年 11 月又将“稳健的财政政策”调整

① 中国经济网. http://intl.ce.cn/specials/zxxx/201504/22/t20150422_5183371.shtml。

为“积极的财政政策”、将“从紧的货币政策”调整为“适度宽松的货币政策”。积极的财政政策和适度宽松的货币政策的实施取得了明显成效，对于我国经济企稳回升、保持平稳较快发展发挥了重要作用。2011 年面对国内经济进一步企稳回升，同时全球流动性泛滥、国内通胀预期居高不下的局面，我国又及时将货币政策由“适度宽松”调整为“稳健”，以便更加有利于促进经济的可持续发展（如图 4-2 所示）。

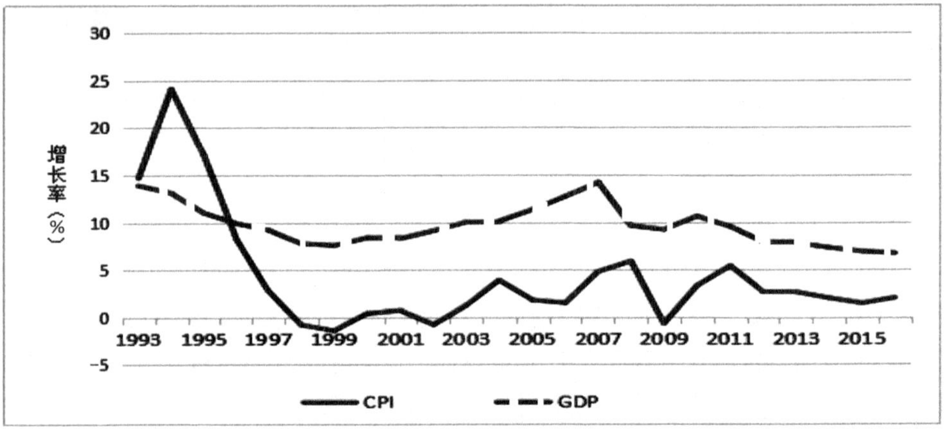

图 4-2　1993—2016 年中国实际 GDP 增长率和通货膨胀率（CPI）的变化

资料来源：国际货币基金组织数据库（World Economic Outlook Database, April 2017）。

上述政策组合的灵活实施在一定程度上使我国经济周期和通货膨胀变化呈现出稳定化和“微波化”的趋势（刘树成等，2005；殷剑峰，2010）。但是，根据我们上述因子分析和聚类分析结论，中国通货膨胀周期波动仍存在着“大起大落”的倾向（我国在 1998—1999 年和 2009 年出现的通货紧缩局面和经济增长压力除了是由于当时受东南亚金融危机和美国次贷危机所引发的国际金融危机影响外，国内紧缩性货币政策的过度实施可能也是重要原因）。因此我们在今后制定治理通货膨胀政策时一方面需要进一步加强与包括金砖国家在内的国际社会进行政策合作和协调，积极应对世界经济和通货膨胀波动的冲击，另一方面更需要进一步发挥我国在体制机制方面的优势，提高国内应对通货膨胀政策的灵活性和针对性，密切关注政策发挥作用的路径和时滞，准确把握政策力度，避免出现调控不力和调节过度造成“大起大落”的不稳定局面，使得我国通货膨胀周期得到有效治理，从而促进我国经济增长周期真正能够实现在适度高位的平稳运行。

第五章　金砖国家与美国经济周期的协动性

随着金砖国家对外开放的不断深入，其与世界经济的联系日益紧密。美国是当今世界最发达经济体，是许多国家最重要的经济贸易伙伴，其经济发展和经济周期变化对包括金砖国家在内的世界各国（地区）经济发展都会产生重要影响。本章主要利用马尔科夫区制转移模型探讨金砖各国与美国经济周期的协动性，以便从一个侧面反映金砖国家经济周期的波动特征以及与世界经济特别是发达经济体之间经济周期波动的互动关系，从而为相关政策的制定提供一定的依据和参考。

第一节　文献综述

自汉密尔顿（Hamilton，1989）提出并运用两状态四阶滞后的马尔科夫区制转移模型研究了美国 1953—1984 年间经济周期波动的非对称性和非线性动态特征之后，马尔科夫区制转移模型已经成为经济周期和金融时间序列研究的一种非常重要的方法。马尔科夫区制转移模型可以刻画经济周期时间序列变量在不同状态下的动态演化及转换过程，并且对于经济周期状态的识别是以较为科学合理的概率分布的形式给出，同时还能将经济周期状态的识别、估计和预测有机结合起来，因而与其他经济周期研究方法相比具有明显的优势。自 Hamilton 之后，加西亚和佩龙（Garcia & Perron，1996）、金等（Kim et al.，1998）、特别是金和纳尔逊（Kim & Nelson，1999）将马尔科夫区制转移模型与状态空间模型结合起来，探讨了美国经济周期、实际利率、股票市场收益率以及货币增长不确定性等方面的波动特征。珍妮和马松（Jeanne & Masson，2000）利用马尔科夫区制转移模型研究了 1987—1993 年法国法郎由于贬值预期而出现的周期波动和货币危机。波萨拉达基斯等（Psaradakis et al.，2005）基于马尔科夫区制转移模型探讨了美国 1959 年第一季度至 2001 年第二季度货币与产出之间的动态因果关系。法拉利（Fallahi，2011）利用马尔科夫区制转移模型分析了 1960—2005 年美国能源消费与 GDP 之间的因果关系，认为在第一区制存在双向因果，而在第二区制则不存在因果关系。拉莫丁等（Lammerding et al.，2013）基于贝叶斯估计方法的马尔科夫区制转移状态空间模型区分了石油价格泡沫稳定和泡沫破裂两种状态，研究认为当前石油价格存在投机泡沫。雷伊等（Rey et al.，2014）则基于马尔科夫链蒙特卡罗（MCMC）算法的马尔科夫区制转移模型识别了全球七个主要股票市场收益率的三种不同状态并比较了这些股票市场指数之间的相关性。

国内学者也运用马尔科夫区制转移模型深入探讨了中国经济周期及通货膨胀等相关宏观经济金融变量所存在的非对称性和不确定性等波动特征。刘金全等（2005）采用引入马尔科夫区制转换的状态空间模型研究了我国实际产出的波动性，认为我国实际产出中存在“牵拉效应”的产出上界，并且经济周期波动具有一定的非对称性。陈浪南、刘宏伟（2007）利用三区制马尔科夫均值和方差转移的二阶自回归模型和贝叶斯吉布斯（Gibbs）抽样非参数估计方法，对我国经济周期波动的非对称性和持续性进行了实证分析。王建军（2007）通过引入反映我国经济增长周期模式改变和状态转移机制变迁的虚拟变量，对传统马尔科夫区制转移模型进行了修正，并利用修正后模型对我国 1953—2005 年的年度实际产出增长率数据进行了拟合，分析认为改革开放前后我国经济周期的非对称性特征比较明显，并且经济增长周期模式和经济周期性变化机制存在显著差异。石柱鲜等（2007）应用多变量动态马尔科夫区制转移模型对我国经济周期波动进行研究，认为利用多变量动态马尔科夫区制转移模型可以有效刻画我国经济周期的波动特征。刘金全、李庆华（2009）研究认为三区制马尔科夫区制转移模型对于刻画中国经济周期波动比较适合，中国经济周期在区制转移概率上存在非对称性。唐晓彬（2010）则提出马尔科夫区制转移的状态空间模型可以较好地刻画我国经济周期的非对称性特征。赵留彦等（2005）和龙如银等（2005）使用两区制马尔科夫区制转移模型研究了我国高水平通胀与低水平通胀的非线性转移特性及其不确定性。刘金全等（2009）利用马尔科夫区制转移模型具体刻画和分析了我国通货膨胀率变化的时间动态轨迹，认为我国通货膨胀率过程在不同区制状态下均能够体现出显著的持续性特征，同时我国经济政策操作与通货膨胀率所处区制之间以及经济政策调控与通货膨胀率所处区制的阶段性变迁之间都存在明显的相关性。唐晓彬、刘金全（2012）则利用马尔科夫区制转移模型分析了我国通货膨胀、通货膨胀不确定性与货币增长不确定性之间的关系。刘金全、隋建利（2010）利用时变参数马尔科夫区制转移模型检验了我国货币增长不确定性与经济增长之间的关系，认为我国货币增长不确定性主要由宏观经济冲击所引致，由货币政策冲击导致的货币增长不确定性能够有效地促进经济增长，而以国际金融危机为代表的宏观经济冲击导致的货币增长不确定性则对我国经济稳定增长产生了显著的消极影响。隋建利、刘金全（2011）则进一步基于时变参数马尔科夫区制转移模型对中美两国货币增长不确定性与经济周期联动机制的差异性进行了对比分析。

通过上述文献综述我们可以看出，迄今学者们有关马尔科夫区制转移模型的应用研究非常广泛，但将马尔科夫区制转移模型用于研究经济周期协动性的文献尚不多见。当前金砖国家及美国经济的发展走势受到了广泛关注，金砖国家特别是中国经济周期波动与美国经济周期波动之间是否存在密切联系一直以来也是学术界和政策制定部门关注的焦点。本章尝试通过利用马尔科夫区制转移模型分析金砖国家与美国经济周期波动之间的协动性，旨在从一个侧面揭示金砖国家经济周期的波动特征以及与美国经济周期的互动关系，反映其经济的发展走势及其相互影响，从而希望能为相关政策的制定提供具有一定参考价值的启示。

第二节　模型的设定及数据说明

具有 M 种区制或状态的一阶马尔科夫区制转移模型可以表示为：

$$\varphi(L)(y_t - \mu_{s_t}) = \varepsilon_t \quad (5\text{-}1)$$

其中 y_t 为所研究的时间序列，$t=1,2,\cdots,T$，$\varphi(L)$ 为滞后算子多项式，S_t 表示存在 M 种状态的马尔科夫区制转移变量，$S_t = 1,2,\cdots,M$。

$$\varepsilon_t \sim N(0,\sigma_{s_t}^2) \qquad \mu_{s_t} = \mu_0 + \mu_1 S_t \qquad \sigma_{s_t}^2 = \sigma_0 + \sigma_1 S_t$$

一阶马尔科夫区制转移模型意味着马尔科夫区制转移变量 S_t 在时刻 t 的状态只与 t-1 时刻的状态有关，即

$$\Pr(S_t = j \mid S_{t-1} = i, S_{t-2} = k, \cdots) = \Pr(S_t = j \mid S_{t-1} = i) = p_{ij} \quad (5\text{-}2)$$

如果是高阶马尔科夫区制转移模型，则 S_t 在时刻 t 的状态与 $t-i$ 时刻的状态都有关。S_t 的转移概率矩阵为：

$$\boldsymbol{P}=\begin{pmatrix} p_{11} & p_{21} & \cdots & p_{M1} \\ p_{12} & p_{22} & \cdots & p_{M2} \\ \vdots & \vdots & \vdots & \vdots \\ p_{1M} & p_{2M} & \cdots & p_{MM} \end{pmatrix} \tag{5-3}$$

其中 $p_{i1}+p_{i2}+\cdots\cdots+p_{iM}=1$， $i=1,2,\cdots,M$ 。

如果假定只有两种状态，则马尔科夫区制转移模型的区制转移概率矩阵也可以表示为：

$$\Pr(S_t=1|S_{t-1}=1)=p_{11} \qquad \Pr(S_t=2|S_{t-1}=1)=p_{12}$$
$$\Pr(S_t=1|S_{t-1}=2)=p_{21} \qquad \Pr(S_t=2|S_{t-1}=2)=p_{22}$$

如果所研究的时间序列 y_t 的动态过程可以用一个 AR（p）模型来刻画，而该 AR 模型遵循马尔科夫过程，即 AR 模型的系数、均值和方差都出现区制转移，也就是

$$y_t=\mu_{s_t}+\sum_{i=1}^{p}\varphi_{i,s_t}y_{t-i}+\varepsilon_t, \quad \varepsilon_t \sim i.i.d.N(0,\sigma_{s_t}^2) \tag{5-4}$$

则条件密度函数就可以写为

$$f(y_t|\phi_{t-1})=\frac{1}{\sqrt{2\pi\sigma_{s_t}^2}}\exp(-\frac{\varepsilon_t^2}{2\sigma_{s_t}^2}) \tag{5-5}$$

其中 ϕ_{t-1} 为 $t-1$ 时刻所有可利用信息的集合。

据此可以进一步通过 Hamilton 滤波方法通过重复迭代获得对应的条件对数似然函数

$$\ln L=\sum_{t=1}^{T}\ln f(y_t|\phi_{t-1}) \tag{5-6}$$

进而通过最大似然估计法（MLE）和最大期望（EM）算法估计出模型系数并利用传统的假设检验方法对模型中系数的显著性进行检验，利用这些系数进行统计推断所得到的滤波概率（Filtered Probability）和平滑概率（Smoothed Probability）可以用来说明经济周期波动的状态转换特征，其中滤波概率是用直到当期的信息来推断当期状态的概率，而平滑概率则是用全部的信息来推断当期的概率。具体模型估计和统计推断过程参见 Hamilton（1994）和 Kim & Nelson（1999）。

理论研究表明，一国经济周期波动会受到来自国内自身因素和他国外来冲击因素的影响。刘金全、隋建利（2010）通过时变参数马尔科夫区制转移模型实证分析后认为，我国实际 GDP 周期性成分受其前一期的影响极其显著，这说明实际产出具有持续性特征，同时我国经济增长内生化的趋势也会受到强烈的外部冲击。因此，基于理论和实证研究成果，借鉴马尔科夫区制转移模型的思想，我们假设一国经济周期波动可以区分为两个区制：一个是由于受国内因素和政策影响而出现的“自律波动”区制，另一个则是由于受他国经济冲击影响而出现的“冲击波动”区制。其中“自律波动”区制可以用一国经济周期变量的自回归来表示，以反映这种经济周期波动的“内生性”。而“冲击波动”区制则可以反映一国经济周期与他国经济周期之间相互影响及协动性。

我们分别利用金砖国家及美国各季度实际 GDP 的周期成分序列描述其经济周期的波动。为最大限度统一统计口径便于进行比较，我们选取 EIU（Economist Intelligence Unit）Country Data 数据库中公布的金砖国家及美国 1993 年第一季度至 2017 年第二季度各季度实际 GDP 数据进行实证[①]。EIU Country Data 数据库中中国实际 GDP 季度数据没有进行季节调整，所以我们首先利用 X-12 方法对中国实际 GDP 季度数据进行季节调整。然后利用 H-P 滤波方法分离出金砖国家与美国实际 GDP 季度数据的趋势成分和周期成分，以周期成分为基础分析金砖各国与经济周期波动之间的协动性。实证分析采用桑切斯-伊斯皮加瑞思（Jose A. Sanchez-Espigares）和洛佩兹-莫雷诺（Alberto Lopez-Moreno）提供的 R 软件中用于估计马尔科夫区制转移模型的 MSwM 软件包及程序。

第三节 模型的估计结果及分析

一、巴西与美国经济周期的协动性

巴西和美国 1993 年一季度—2017 年二季度实际 GDP 周期成分数据如图 5-1 所示。根据赤池信息准则（AIC）和贝叶斯信息准则（BIC），我们分别

① 俄罗斯数据为 1995 年第一季度至 2017 年第二季度，印度数据为 1996 年第二季度至 2017 年第二季度。

选择二阶自回归和一阶自回归来体现巴西和美国经济周期的“自律波动”区制。通过最大似然估计和 EM 算法估计出的巴西和美国经济周期波动的马尔科夫区制转移模型分别如表 5-1 和表 5-2 所示。

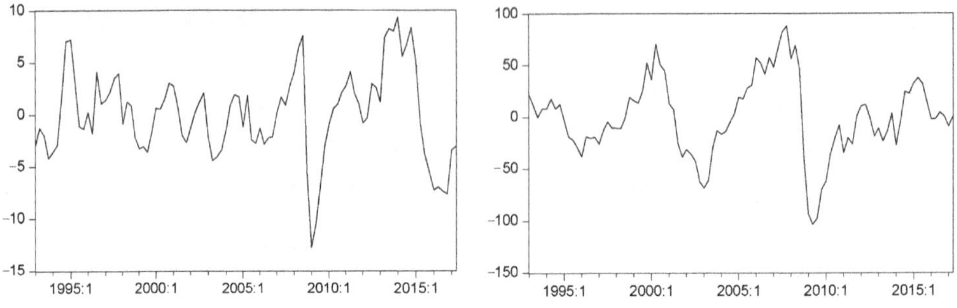

巴西　　　　美国

图 5-1　1993 年一季度—2017 年二季度巴西和美国实际 GDP 季度数据的周期成分序列

资料来源：根据 EIU Country Data 中的数据利用 H-P 滤波方法得到。

表 5-1　巴西经济周期马尔科夫区制转移模型的估计结果

	区制 1：“自律波动”区制				区制 2：“冲击波动”区制			
	估计系数	标准差	t 值	p 值	估计系数	标准差	t 值	p 值
截距	0.0675	0.2031	0.3323	0.7397	2.1240	0.7053	3.0115	0.0026**
BRA(−1)	1.2266	0.0791	15.5070	$<2.2\times10^{-16}$***	−0.8846	0.2521	−3.5089	0.0005***
BRA(−2)	−0.4711	0.0769	−6.1261	9.006×10^{-10}***	−0.4661	0.2575	−1.8101	0.0703
USA	0.0048	0.0052	0.9231	0.3560	−0.1199	0.0314	−3.8185	0.0001***
多重 R^2：0.8381　残差标准差：1.7492					多重 R^2：0.6327　残差标准差：1.8418			
AIC：434.7406　BIC：491.7702　对数似然函数值：−209.3703								

注：***、**、*分别表示显著性水平为 0.1%、1%和 5%。

表 5-2　美国经济周期马尔科夫区制转移模型的估计结果

	区制 1：“自律波动”区制				区制 2：“冲击波动”区制			
	估计系数	标准差	t 值	p 值	估计系数	标准差	t 值	p 值
截距	2.0120	1.6267	1.2369	0.2161	−17.1455	2.7076	−6.3324	2.414×10^{-10}***
USA(−1)	0.9084	0.0496	18.3145	$<2\times10^{-16}$ ***	0.3818	0.0442	8.6380	$<2.2\times10^{-16}$ ***
BRA	−0.3510	0.4235	−0.8288	0.4072	5.1150	0.4254	12.0240	$<2.2\times10^{-16}$***
多重 R^2：0.8201　残差标准差：13.93397					多重 R^2：0.9744　残差标准差：6.614784			
AIC：799.0904　BIC：841.987　对数似然函数值：−393.5452								

注：***、**、*分别表示显著性水平为 0.1%、1%和 5%。

由于马尔科夫区制转移模型假定模型的残差服从正态分布，所以我们通过巴西和美国两国经济周期波动马尔科夫区制转移模型的残差 Q-Q 图来验证模型设定的合理性。从图 5-2 和图 5-3 可以看出，巴西和美国两国经济周期波动马尔科夫区制转移模型的残差基本符合正态分布，尽管存在异常值，但由于样本量相对较小，根据邦费罗尼规则（Bonferroni rule），我们不能拒绝残差服从正态分布的假定。同时，从两国经济周期波动马尔科夫区制转移模型的残差自相关图和偏自相关图来看，两个模型的残差均不存在自相关。①因此，我们所估计出的巴西和美国两国经济周期波动马尔科夫区制转移模型是具有合理性的。

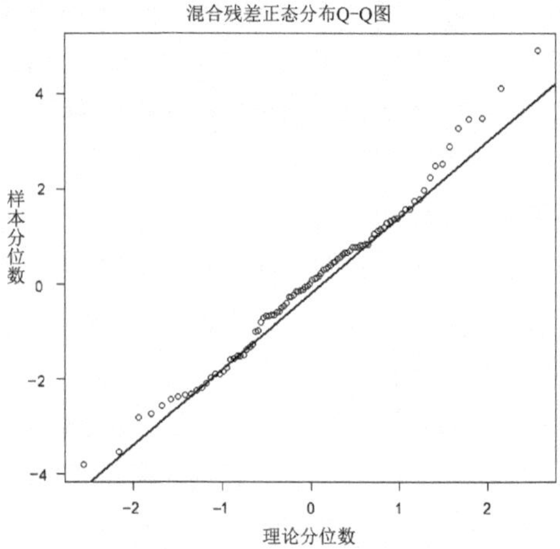

图 5-2　巴西经济周期马尔科夫区制转移模型的残差 Q-Q 图

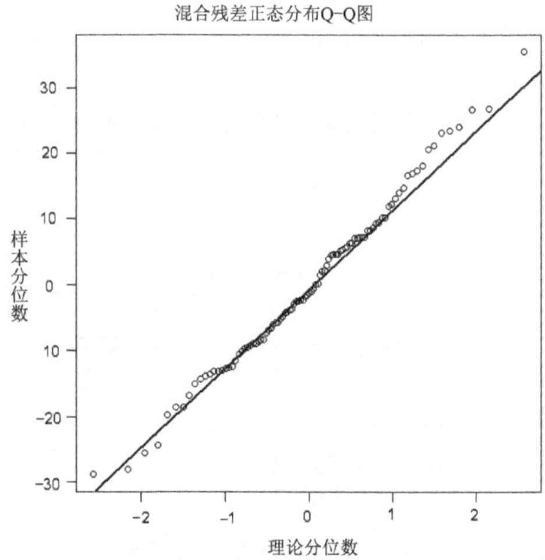

图 5-3　美国经济周期马尔科夫区制转移模型的残差 Q-Q 图

① 篇幅所限没有列出残差自相关图和偏自相关图，感兴趣的读者可以向作者索取。

从表 5-1 巴西经济周期波动的马尔科夫区制转移模型估计结果来看，在“自律波动”的区制 1 巴西经济周期波动主要受到其自身滞后一期的正向影响和自身滞后二期的负向影响，而在“冲击波动”的区制 2 巴西经济周期波动受自身滞后一期的影响变为负向，同时美国经济波动对巴西经济周期波动也产生了非常显著的负向影响。同样，从表 5-2 美国经济周期波动的马尔科夫区制转移模型估计结果来看，在“自律波动”的区制 1 美国经济周期波动也主要受到其自身滞后一期的影响（影响系数为 0.9084），而在“冲击波动”的区制 2 美国经济周期波动除了受自身滞后影响之外（影响系数为 0.3818），巴西经济波动也对美国经济周期波动产生了非常显著的影响。这一结果表明巴西和美国两国经济周期的波动存在具有明显协动性的区制。

从表 5-3 和表 5-4 两国经济周期的区制转移概率矩阵来看，两国经济周期的“自律波动”区制（区制 1）和“冲击波动”区制（区制 2）都具有“自维持”的特征，也就是说两国经济周期一旦进入某一区制，则继续维持在这一区制的概率都比较高，持续性比较强，向另一区制转移的概率较小。从这个角度来看，巴西和美国两国经济周期的波动都表现出了一定的稳定性。当然，相比较而言，两国“自律波动”区制（区制 1）的稳定性都高于“冲击波动”区制（区制 2），并且美国经济周期在“自律波动”区制（区制 1）和“冲击波动”区制（区制 2）的“自维持”概率都要高于巴西，这在一定程度上反映美国经济周期比巴西经济周期具有更强的稳定性。

表 5-3　巴西经济周期的区制转移概率矩阵

	区制 1	区制 2
区制 1	0.92999132	0.377462
区制 2	0.07000868	0.622538

表 5-4　美国经济周期的区制转移概率矩阵

	区制 1	区制 2
区制 1	0.96621339	0.2114825
区制 2	0.03378661	0.7885175

另一方面，从图 5-4 至图 5-9 两国经济周期“自律波动”区制（区制 1）和“冲击波动”区制（区制 2）的滤波概率和平滑概率来看，两国在 1993—2017 年的经济周期波动主要处于“自律波动”区制（区制 1），特别是近年来两国经济周期处于“冲击波动”的区制（区制 2）的概率都非常低。这表明

两国经济的增长和波动更多的是源于其内部的“自律性”，两国经济周期波动的协动性并不明显。

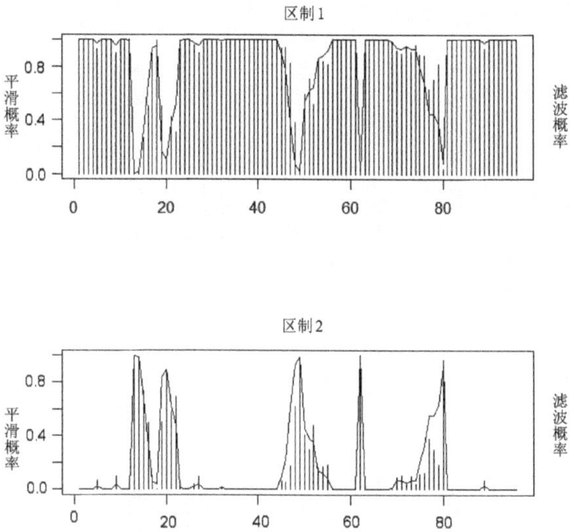

图 5-4　巴西经济周期“自律波动”区制（区制 1）和“冲击波动”区制（区制 2）的滤波概率和平滑概率

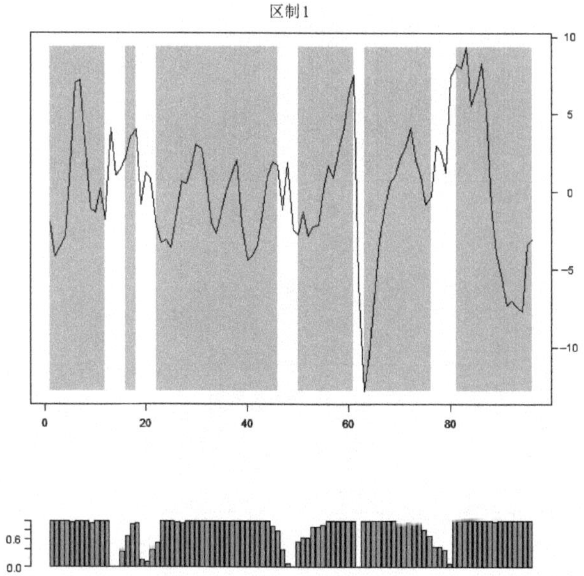

图 5-5　巴西经济周期“自律波动”区制（区制 1）及其平滑概率

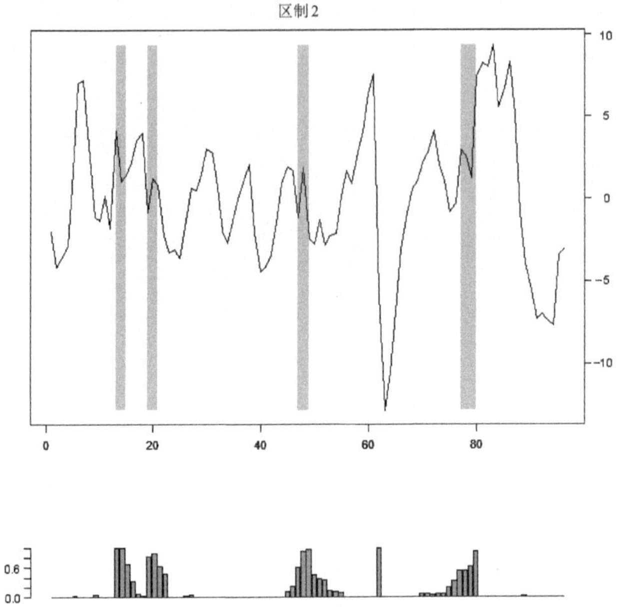

图 5-6　巴西经济周期“冲击波动”区制（区制 2）及其平滑概率

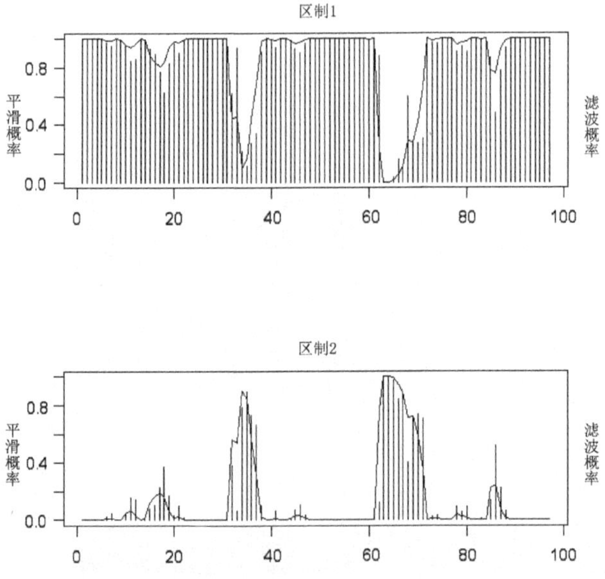

图 5-7　美国经济周期“自律波动”区制（区制 1）和“冲击波动”区制（区制 2）的滤波概率和平滑概率

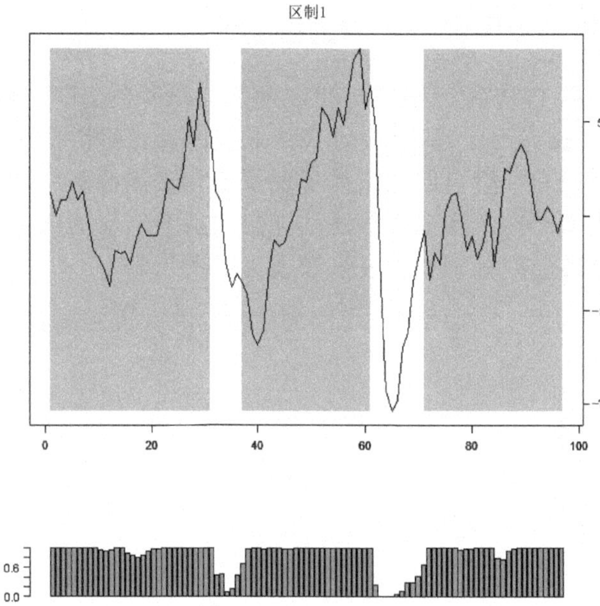

图 5-8　美国经济周期“自律波动”区制（区制 1）及其平滑概率

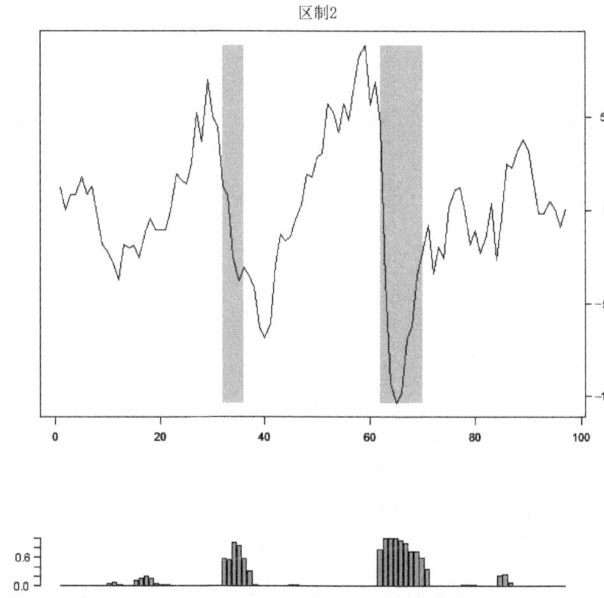

图 5-9　美国经济周期“冲击波动”区制（区制 2）及其平滑概率

二、俄罗斯与美国经济周期的协动性

俄罗斯和美国 1995 年一季度—2017 年二季度实际 GDP 周期成分数据如图 5-10 所示。根据赤池信息准则（AIC）和贝叶斯信息准则（BIC），我们分别选择二阶自回归和一阶自回归来体现俄罗斯和美国经济周期的“自律波动”区制。通过最大似然估计和 EM 算法估计出的俄罗斯和美国经济周期波动的马尔科夫区制转移模型分别如表 5-5 和表 5-6 所示。

俄罗斯

美国

图 5-10　1995 年一季度—2017 年二季度俄罗斯和美国实际 GDP 季度数据的周期成分序列

数据来源：根据 EIU Country Data 中的数据利用 H-P 滤波方法得到。

表 5-5　俄罗斯经济周期马尔科夫区制转移模型的估计结果

	区制 1：“自律波动”区制				区制 2：“冲击波动”区制			
	估计系数	标准差	t 值	p 值	估计系数	标准差	t 值	p 值
截距	-384.0530	133.5299	-2.8762	0.004025**	33.4955	13.4274	2.4946	0.0126*
RUS(-1)	1.3315	0.2351	5.6635	1.483×10^{-8}***	1.1594	0.0696	16.6580	$<2.2\times10^{-16}$***
RUS(-2)	-0.8391	0.2004	-4.1871	2.825×10^{-5}***	-0.2804	0.0691	-4.0579	4.952×10^{-5}***
USA	-3.9080	2.2778	-2.8762	0.086217	1.5132	0.4016	3.7679	0.0002***
多重 R^2：0.8964　残差标准差：148.4312					多重 R^2：0.9384　残差标准差：114.0161			
AIC：1142.457　BIC：1198.095　对数似然函数值：-563.2287								

注：***、**、*分别表示显著性水平为 0.1%、1%和 5%。

表 5-6　美国经济周期马尔科夫区制转移模型的估计结果

	区制 1：“自律波动”区制				区制 2：“冲击波动”区制			
	估计系数	标准差	t 值	p 值	估计系数	标准差	t 值	p 值
截距	1.7030	1.5985	1.0654	0.2867	-35.4625	0.1622	-218.634	$<2.2\times10^{-16}$***
USA(-1)	0.9093	0.0502	18.1135	$<2\times10^{-16}$ ***	-0.2803	0.0063	-44.492	$<2.2\times10^{-16}$***
RUS	-0.0045	0.0046	-0.9783	0.3279	0.0737	0.0003	245.667	$<2.2\times10^{-16}$***
多重 R^2：0.8352　残差标准差：14.57916					多重 R^2：1　残差标准差：0.3611084			
AIC：719.6032　BIC：761.4668　对数似然函数值：-353.8016								

注：***、**、*分别表示显著性水平为 0.1%、1%和 5%。

通过俄罗斯和美国两国经济周期波动马尔科夫区制转移模型的残差 Q-Q 图（图 5-11 和图 5-12）可以看出，两国经济周期波动马尔科夫区制转移模型的残差基本符合正态分布，尽管存在异常值，但由于样本量相对较小，不能拒绝残差服从正态分布的假定。同时，两国经济周期波动马尔科夫区制转移模型的残差自相关图和偏自相关图也显示两个模型的残差均不存在自相关。因此，我们所估计出的俄罗斯和美国两国经济周期波动马尔科夫区制转移模型是具有合理性的。

从表 5-5 俄罗斯经济周期波动的马尔科夫区制转移模型估计结果来看，在“自律波动”的区制 1 俄罗斯经济周期波动主要受到其自身滞后一期的正向影响和自身滞后二期的负向影响，而在“冲击波动”的区制 2 俄罗斯经济周期波动受自身滞后一期和滞后二期的影响均减弱，同时美国经济波动对俄罗斯经济周期波动产生了非常显著的正向影响。同样，从表 5-6 美国经济周期波动的马尔科夫区制转移模型估计结果来看，在“自律波动”的区制 1 美国经济周期波动主要受到其自身滞后一期的影响（影响系数为 0.9093），而在“冲击波动”的区制 2 美国经济周期波动受自身滞后一期的影响变为负向，俄罗斯经济波动对美国经济周期波动产生了明显的影响。这一结果表明俄罗斯和美国两国经济周期的波动存在协动性的区制。

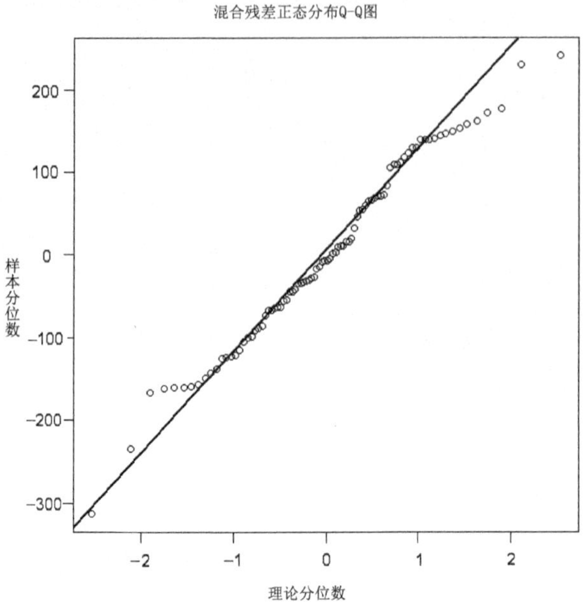

图 5-11 俄罗斯经济周期马尔科夫区制转移模型的残差 Q-Q 图

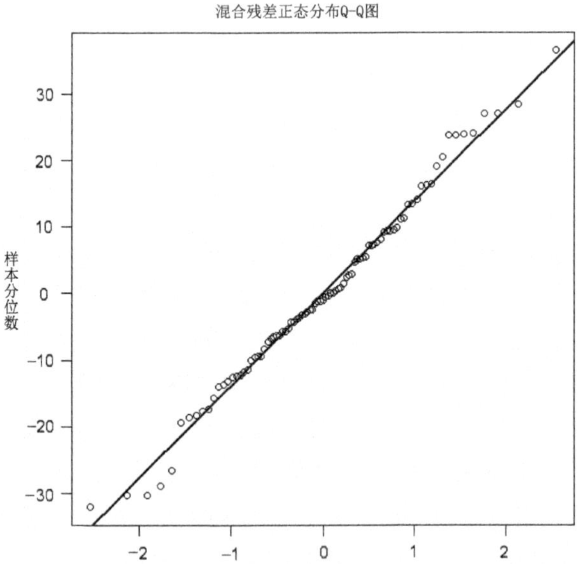

图 5-12 美国经济周期马尔科夫区制转移模型的残差 Q-Q 图

从表 5-7 和表 5-8 两国经济周期的区制转移概率矩阵来看，美国经济周期的“自律波动”区制（区制 1）和“冲击波动”区制（区制 2）都具有“自维持”的特征，但俄罗斯“冲击波动”区制（区制 2）的“自维持”概率非常高，而“自律波动”区制（区制 1）的“自维持”概率非常低，这在一定程度上反映出俄罗斯经济周期的自律波动具有不稳定性的特征。

表 5-7　俄罗斯经济周期的区制转移概率矩阵

	区制 1	区制 2
区制 1	0.2366956	0.0789954
区制 2	0.7633044	0.9210046

表 5-8　美国经济周期的区制转移概率矩阵

	区制 1	区制 2
区制 1	0.98260425	0.2675667
区制 2	0.01739575	0.7324333

从图 5-13 至图 5-18 两国经济周期“自律波动”区制（区制 1）和“冲击波动”区制（区制 2）的滤波概率和平滑概率来看，两国在 1995—2017 年的经济周期波动呈现出不对称性：美国对俄罗斯经济波动的冲击概率持续保持在高位，而俄罗斯则对美国经济波动几乎没有影响。这也在一定程度上反映出俄罗斯经济发展具有不稳定性，同时俄美两国经济周期波动的协动性也并不明显。

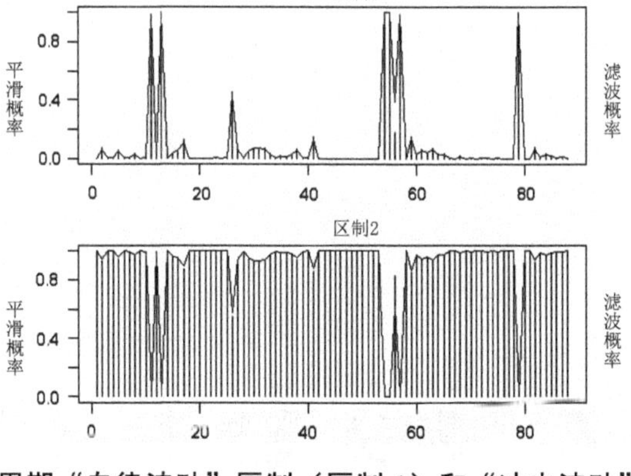

图 5-13　俄罗斯经济周期“自律波动”区制（区制 1）和“冲击波动”区制（区制 2）的滤波概率和平滑概率

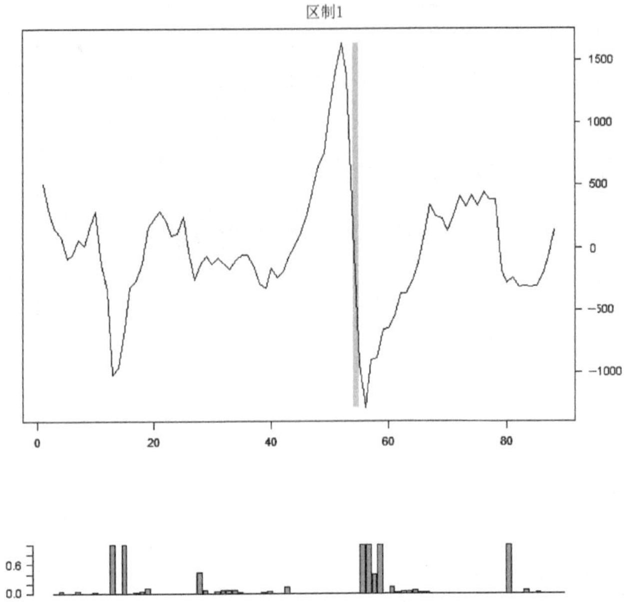

图 5-14　俄罗斯经济周期“自律波动”区制（区制 1）及其平滑概率

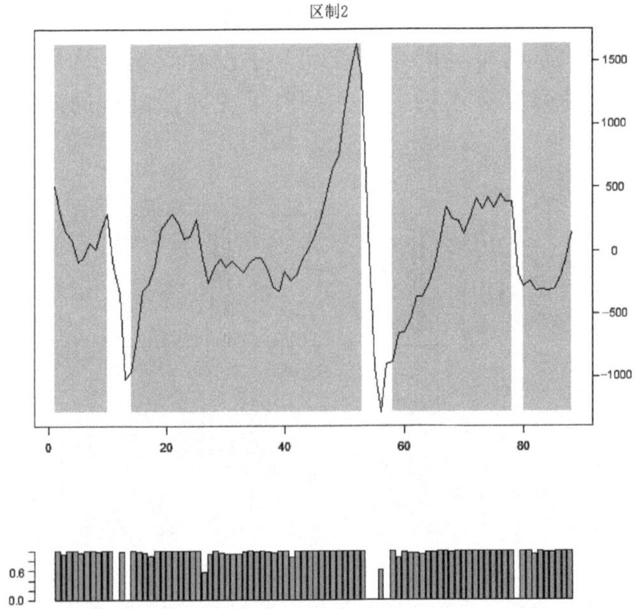

图 5-15　俄罗斯经济周期“冲击波动”区制（区制 2）及其平滑概率

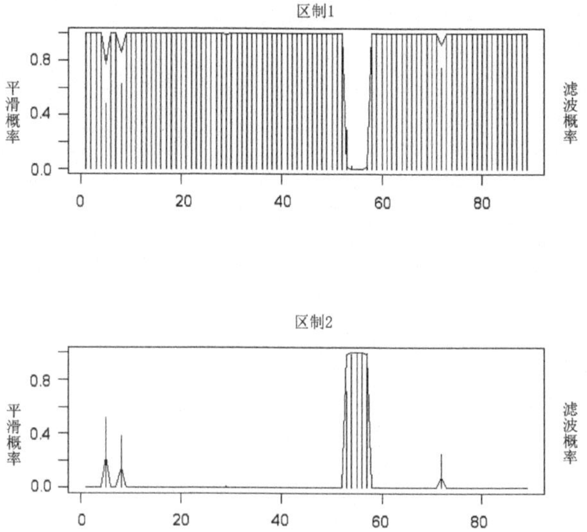

图 5-16　美国经济周期“自律波动”区制（区制 1）和“冲击波动”区制（区制 2）的滤波概率和平滑概率

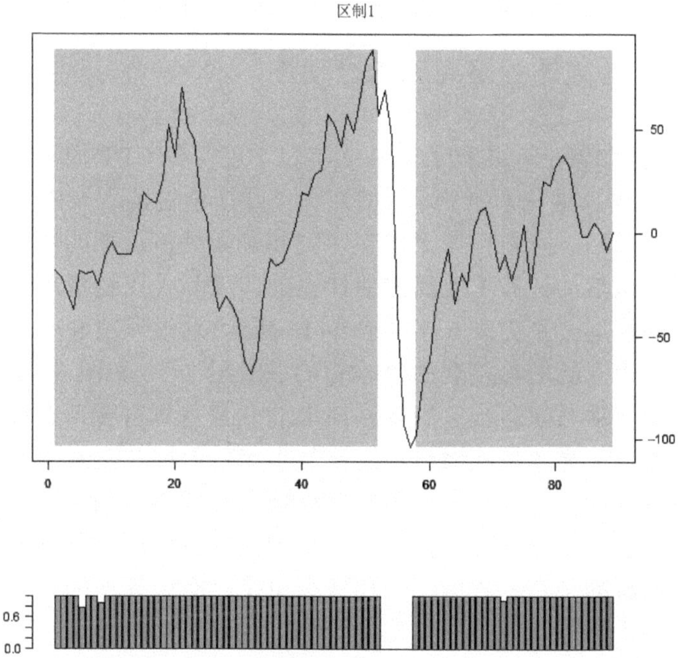

图 5-17　美国经济周期“自律波动”区制（区制 1）及其平滑概率

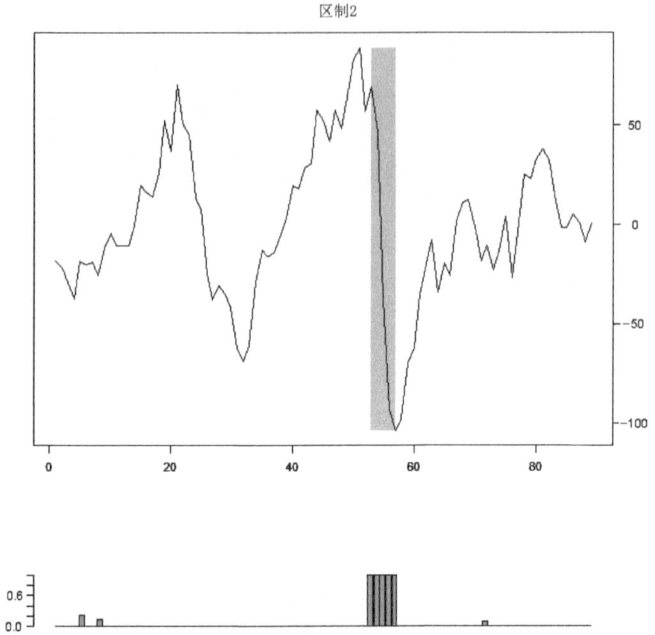

图 5-18　美国经济周期“冲击波动”区制（区制 2）及其平滑概率

三、印度与美国经济周期的协动性

印度和美国 1996 年二季度—2017 年二季度实际 GDP 周期成分数据如图 5-19 所示。根据赤池信息准则（AIC）和贝叶斯信息准则（BIC），我们分别选择二阶自回归和一阶自回归来体现印度和美国经济周期的“自律波动”区制。通过最大似然估计和 EM 算法估计出的印度和美国经济周期波动的马尔科夫区制转移模型分别如表 5-9 和表 5-10 所示。通过印度和美国两国经济周期波动马尔科夫区制转移模型的残差 Q-Q 图（图 5-20 和图 5-21）可以看出，两国经济周期波动马尔科夫区制转移模型的残差基本符合正态分布，尽管存在异常值，但由于样本量相对较小，不能拒绝残差服从正态分布的假定。同时，两国经济周期波动马尔科夫区制转移模型的残差自相关图和偏自相关图也显示两个模型的残差均不存在自相关。因此，我们所估计出的印度和美国两国经济周期波动马尔科夫区制转移模型也是具有合理性的。

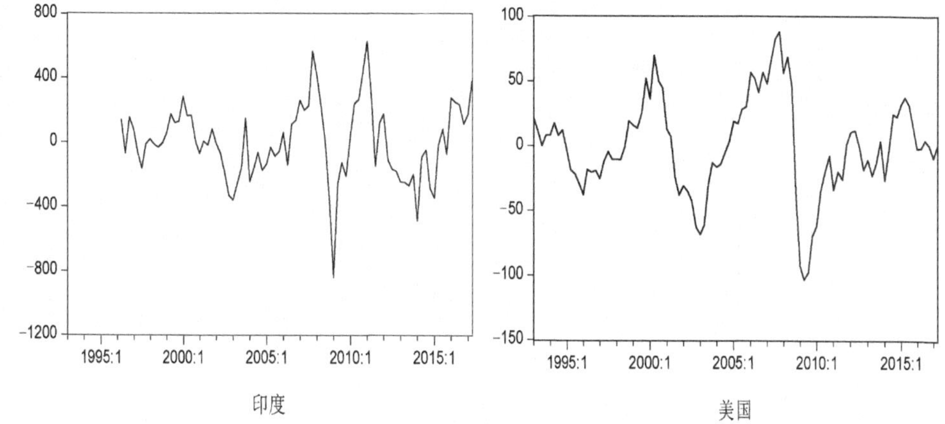

图 5-19 1996 年二季度—2017 年二季度印度和美国实际 GDP 季度数据的周期成分序列

数据来源：根据 EIU CountryData 中的数据利用 H-P 滤波方法得到。

表 5-9 印度经济周期马尔科夫区制转移模型的估计结果

	区制 1：“自律波动”区制				区制 2：“冲击波动”区制			
	估计系数	标准差	t 值	p 值	估计系数	标准差	t 值	p 值
截距	153.6710	43.6303	3.5221	0.000428***	−52.7779	21.8580	−2.4146	0.01575*
IND(−1)	0.5642	0.1023	5.5152	3.484×10^{-8}***	0.6730	0.1583	4.2514	2.124×10^{-5}***
IND(−2)	0.3131	0.1210	2.5876	0.0096647***	−0.2035	0.1324	−1.5370	0.12429
USA	−1.6220	0.9323	−1.7398	0.0818941	2.3543	0.5802	4.0577	4.956×10^{-5}***
多重 R^2：0.8428　残差标准差：78.44216					多重 R^2：0.6229　残差标准差：136.6016			
AIC：1084.436　BIC：1139.137　对数似然函数值：−534.2178								

注：***、**、*分别表示显著性水平为 0.1%、1%和 5%。

表 5-10 美国经济周期马尔科夫区制转移模型的估计结果

	区制 1：“自律波动”区制				区制 2：“冲击波动”区制			
	估计系数	标准差	t 值	p 值	估计系数	标准差	t 值	p 值
截距	4.2656	1.9875	2.1462	0.03186*	−14.6926	10.7076	−1.3722	0.1700012
USA(−1)	0.8535	0.0663	12.8733	$<2\times10^{-16}$***	0.6228	0.1794	3.4716	0.0005174***
IND	0.0081	0.0090	0.9000	0.36812	0.0701	0.0159	4.4088	1.039×10^{-5}***
多重 R^2：0.8342　残差标准差：14.04023					多重 R^2：0.908　残差标准差：12.52241			
AIC：707.0357　BIC：748.2055　对数似然函数值：−347.5178								

注：***、**、*分别表示显著性水平为 0.1%、1%和 5%。

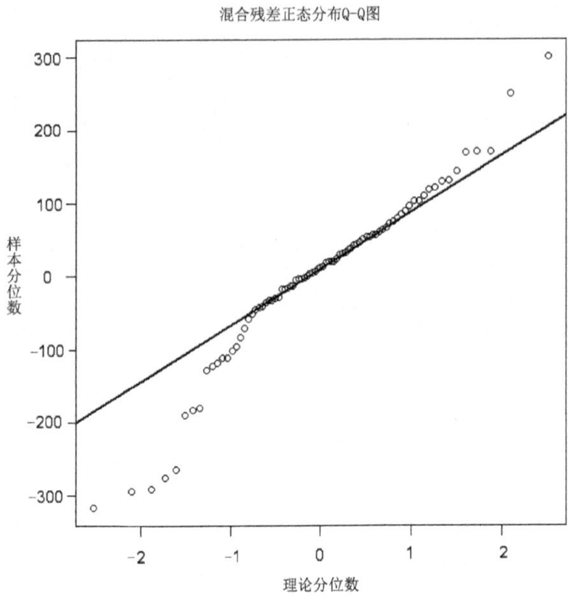

图 5-20　印度经济周期马尔科夫区制转移模型的残差 Q-Q 图

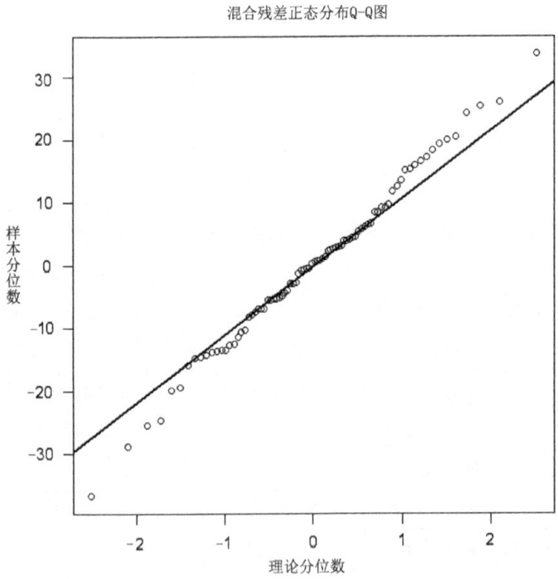

图 5-21　美国经济周期马尔科夫区制转移模型的残差 Q-Q 图

从表 5-9 印度经济周期波动的马尔科夫区制转移模型估计结果来看，在“自律波动”的区制 1 印度经济周期波动主要受到其自身滞后一期和滞后二期的影响，而在“冲击波动”的区制 2 印度经济周期波动除了受自身滞后一期的影响外，还受到美国经济波动的显著正向影响。同样，从表 5-10 美国经济周期波动的马尔科夫区制转移模型估计结果来看，在“自律波动”的区制 1 美国经济周期波动主要受到其自身滞后一期的影响（影响系数为 0.8535），而在“冲击波动”的区制 2 美国经济周期波动受自身滞后一期的影响变弱（影响系数为 0.6228），印度经济波动对美国经济周期波动也产生了明显的影响。这一结果表明印度和美国两国经济周期的波动存在协动性的区制。

从表 5-11 和表 5-12 两国经济周期的区制转移概率矩阵来看，美国经济周期的“自律波动”区制（区制 1）和“冲击波动”区制（区制 2）都具有“自维持”的特征，但与俄罗斯相似，印度经济周期“冲击波动”区制（区制 2）的“自维持”概率比较高，而“自律波动”区制（区制 1）的“自维持”概率比较低，这在一定程度上反映出印度经济周期的自律波动也具有不稳定性的特征。

表 5-11　印度经济周期的区制转移概率矩阵

	区制 1	区制 2
区制 1	0.5387029	0.1520007
区制 2	0.4612971	0.8479993

表 5-12　美国经济周期的区制转移概率矩阵

	区制 1	区制 2
区制 1	0.9608661	0.1848954
区制 2	0.0391339	0.8151046

从图 5-22 至图 5-27 两国经济周期“自律波动”区制（区制 1）和“冲击波动”区制（区制 2）的滤波概率和平滑概率来看，两国在 1996—2017 年的经济周期波动也呈现出不对称性：美国对印度经济波动的冲击概率大多数时期保持在高位，而印度则在大多数时期对美国经济波动影响很小。不过近年来美国对印度经济波动的冲击概率有所下降，而印度对美国经济波动的冲击概率则有所上升。这也在一定程度上反映出印度近年来经济较快增长的影响效果逐步显现，同时印度和美国两国经济周期波动的协动性也有所加强。

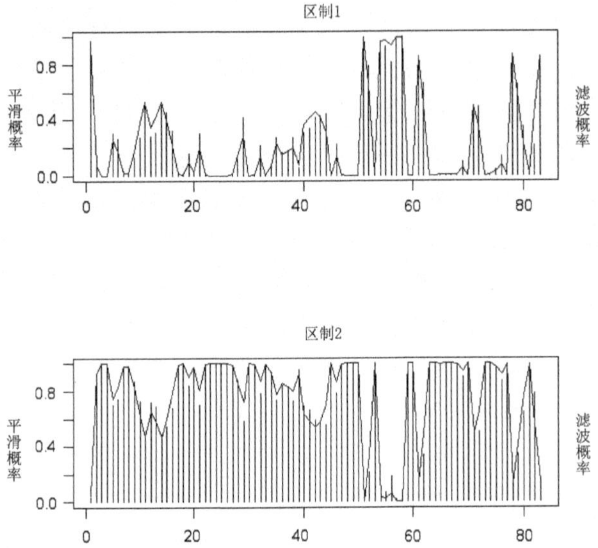

图 5-22　印度经济周期“自律波动”区制（区制 1）和“冲击波动”区制（区制 2）的滤波概率和平滑概率

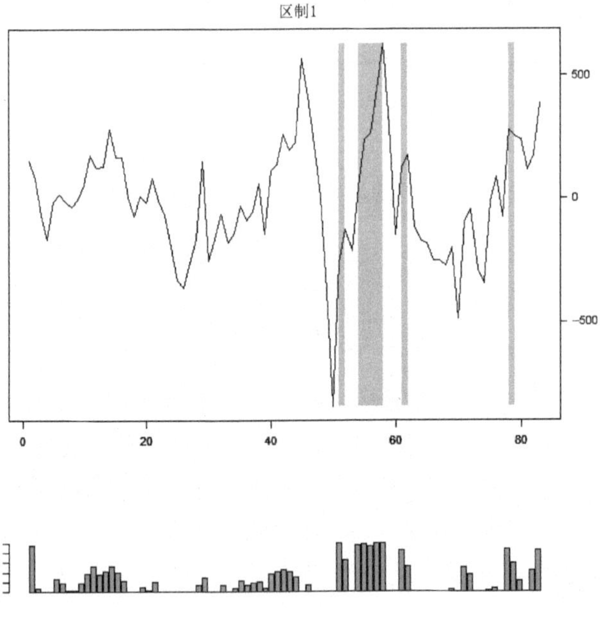

图 5-23　印度经济周期“自律波动”区制（区制 1）及其平滑概率

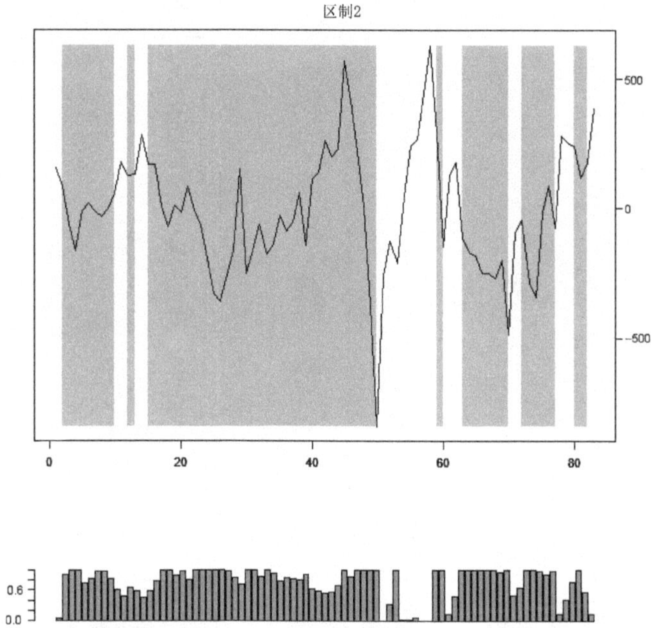

图 5-24　印度经济周期“冲击波动”区制（区制 2）及其平滑概率

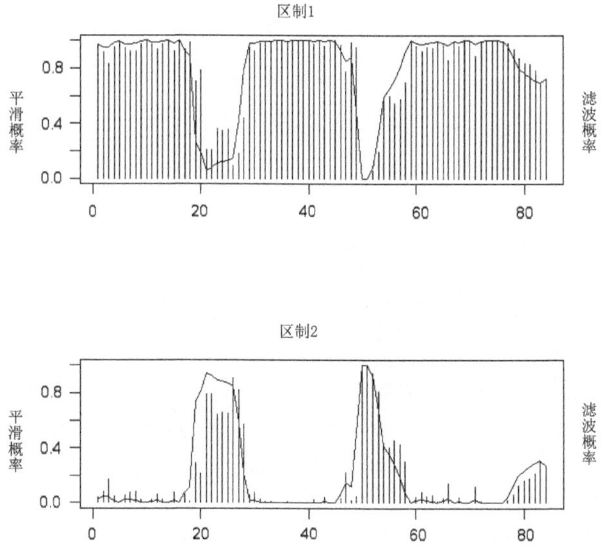

图 5-25　美国经济周期“自律波动”区制（区制 1）和“冲击波动”区制（区制 2）的滤波概率和平滑概率

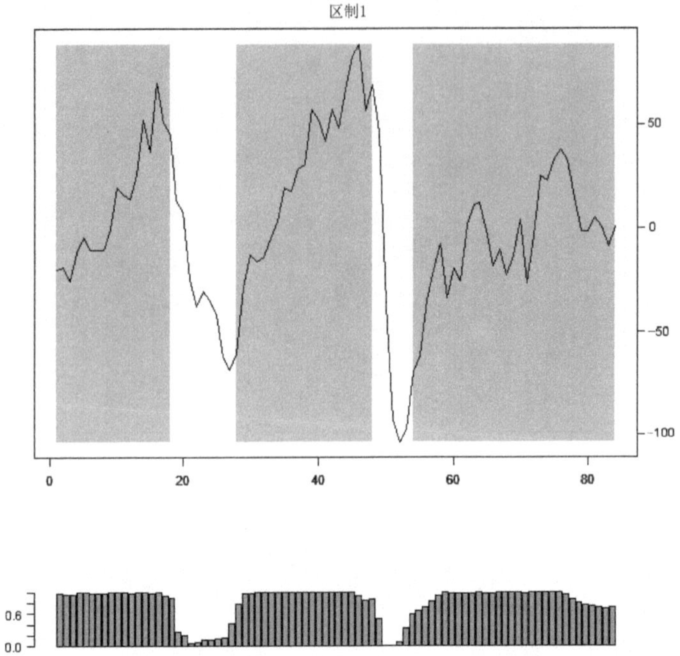

图 5-26 美国经济周期“自律波动”区制（区制 1）及其平滑概率

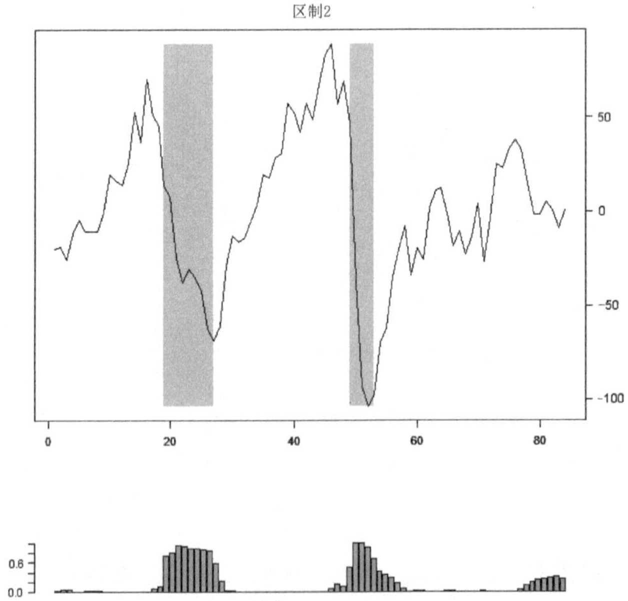

图 5-27 美国经济周期“冲击波动”区制（区制 2）及其平滑概率

四、中国与美国经济周期的协动性

中国和美国1993年一季度—2017年二季度实际GDP周期成分数据如图5-28所示。根据赤池信息准则（AIC）和贝叶斯信息准则（BIC），我们分别选择二阶自回归和一阶自回归来体现中国和美国经济周期的“自律波动”区制。通过最大似然估计和EM算法估计出的中国和美国经济周期波动的马尔科夫区制转移模型分别如表5-13和表5-14所示。通过中国和美国两国经济周期波动马尔科夫区制转移模型的残差Q-Q图（图5-29和图5-30）可以看出，两国经济周期波动马尔科夫区制转移模型的残差基本符合正态分布，尽管存在异常值，但由于样本量相对较小，不能拒绝残差服从正态分布的假定。同时，两国经济周期波动马尔科夫区制转移模型的残差自相关图和偏自相关图也显示出两个模型的残差均不存在自相关。因此，我们所估计出的中国和美国两国经济周期波动马尔科夫区制转移模型也是具有合理性的。

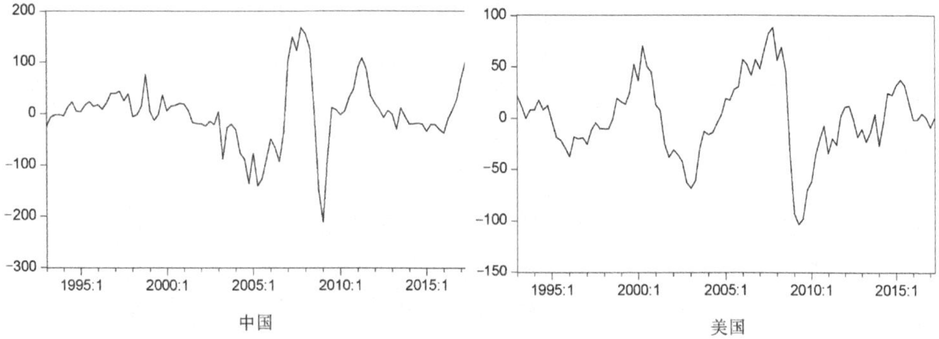

图5-28　1993年一季度—2017年二季度中国和美国实际GDP季度数据的周期成分序列

数据来源：根据EIU CountryData中的数据利用H-P滤波方法得到。

表5-13　中国经济周期马尔科夫区制转移模型的估计结果

	区制1：“自律波动”区制				区制2：“冲击波动”区制			
	估计系数	标准差	t值	p值	估计系数	标准差	t值	p值
截距	1.6390	2.7575	0.5944	0.5522	1.1638	11.7731	0.0989	0.92122
CHN(-1)	0.8251	0.1358	6.0758	1.234×10^{-9}***	0.3892	0.2177	1.7878	0.07381
CHN(-2)	0.0882	0.1299	0.6790	0.4971	−0.7749	0.1121	−6.9126	4.758×10^{-12}***
USA	0.0429	0.0846	0.5071	0.6121	1.3253	0.2859	4.6355	3.561×10^{-6}***
多重R^2：0.809　残差标准差：24.16129					多重R^2：0.9366　残差标准差：23.9433			
AIC：932.5435　BIC：989.5731　对数似然函数值：−458.2718								

注：***、**、*分别表示显著性水平为0.1%、1%和5%。

表 5-14　美国经济周期马尔科夫区制转移模型的估计结果

	区制 1：“自律波动”区制				区制 2：“冲击波动”区制			
	估计系数	标准差	t 值	p 值	估计系数	标准差	t 值	p 值
截距	4.8399	2.4468	1.9781	0.04792 *	−9.6398	2.8064	−3.4349	0.0005928 ***
USA(−1)	0.8456	0.0750	11.2747	$<2\times10^{-16}$***	0.7372	0.0533	13.8311	$<2.2\times10^{-16}$***
CHN	−0.0212	0.0427	−0.4965	0.61954	0.2871	0.0340	8.4441	$<2.2\times10^{-16}$***
多重 R^2：0.8222　残差标准差：13.65637					多重 R^2：0.9358　残差标准差：10.4105			
AIC：800.0647　BIC：842.9612　对数似然函数值：−394.0324								

注：***、**、*分别表示显著性水平为 0.1%、1%和 5%。

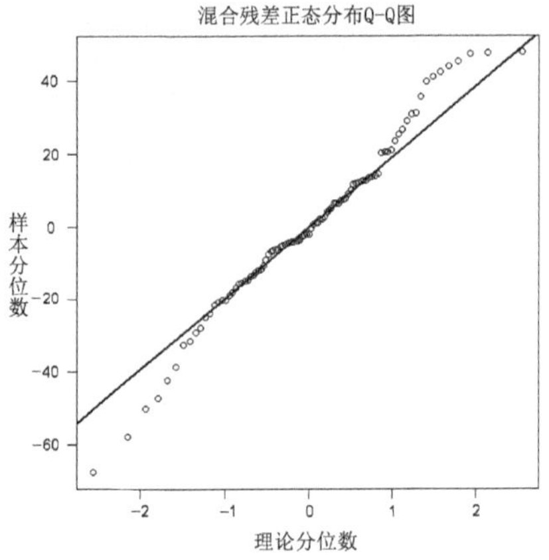

图 5-29　中国经济周期马尔科夫区制转移模型的残差 Q-Q 图

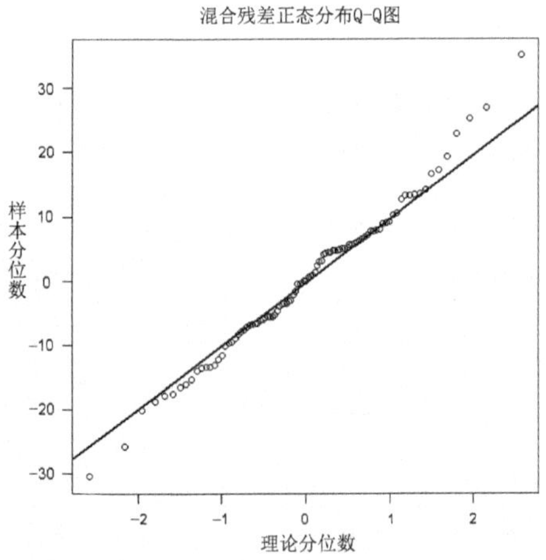

图 5-30　美国经济周期马尔科夫区制转移模型的残差 Q-Q 图

从表 5-13 中国经济周期波动的马尔科夫区制转移模型估计结果来看,在“自律波动”的区制 1 中国经济周期波动主要受到其自身滞后一期的正向影响，而在“冲击波动”的区制 2 中国经济周期波动受自身滞后二期的负向影响，同时美国经济波动对中国经济周期波动产生了非常显著的正向影响。同样，从表 5-14 美国经济周期波动的马尔科夫区制转移模型估计结果来看，在“自律波动”的区制 1 美国经济周期波动也主要受到其自身滞后一期的影响（影响系数为 0.8456），而在“冲击波动”的区制 2 美国经济周期波动除了受自身滞后影响之外（影响系数降为 0.7372），中国经济波动也对美国经济周期波动产生了非常显著的影响。这一结果表明中国和美国两国经济周期的波动存在具有明显协动性的区制。

从表 5-15 和表 5-16 两国经济周期的区制转移概率矩阵来看，两国经济周期的“自律波动”区制（区制 1）和“冲击波动”区制（区制 2）都具有“自维持”的特征，从这个角度来看，中国和美国两国经济周期的波动都表现出了一定的稳定性。当然，相比较而言，两国特别是中国“自律波动”区制（区制 1）的稳定性都高于“冲击波动”区制（区制 2），并且中国经济周期在“自律波动”区制（区制 1）的“自维持”概率高于美国，而美国在“冲击波动”区制（区制 2）的“自维持”概率则高于中国。

表 5-15 中国经济周期的区制转移概率矩阵

	区制 1	区制 2
区制 1	0.94040666	0.3714718
区制 2	0.05959334	0.6285282

表 5-16 美国经济周期的区制转移概率矩阵

	区制 1	区制 2
区制 1	0.8680945	0.1832606
区制 2	0.1319055	0.8167394

从图 5-31 至图 5-36 两国经济周期“自律波动”区制（区制 1）和“冲击波动”区制（区制 2）的滤波概率和平滑概率来看，两国在 1993—2017 年的经济周期波动呈现出持续的互动性，特别是中国经济周期波动对美国经济周期的冲击影响更为明显。这在一定程度上也反映出随着中国经济实力的持续提高，其影响效应不断得以明显呈现。

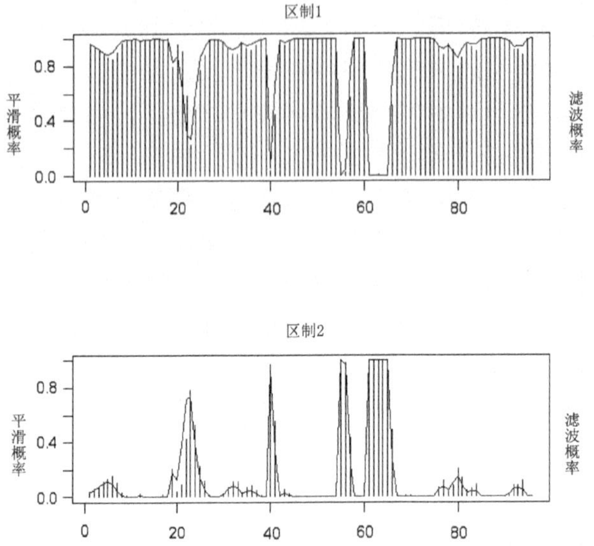

图 5-31　中国经济周期“自律波动”区制（区制 1）和“冲击波动”区制（区制 2）的滤波概率和平滑概率

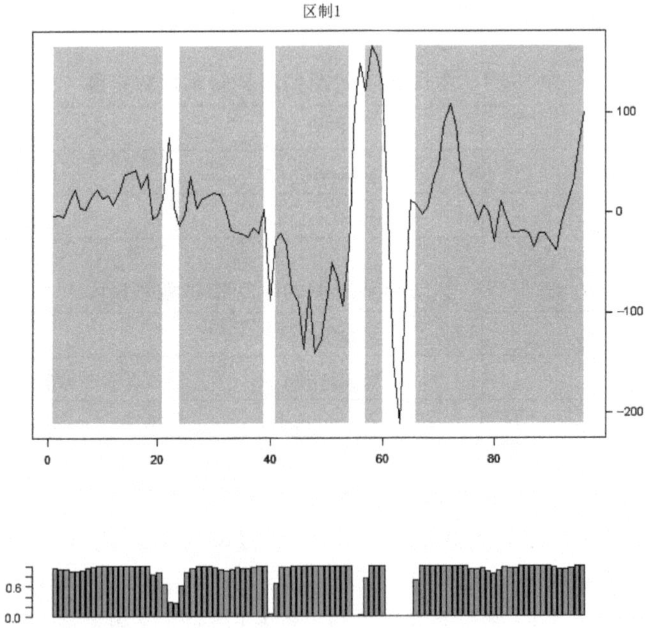

图 5-32　中国经济周期“自律波动”区制（区制 1）及其平滑概率

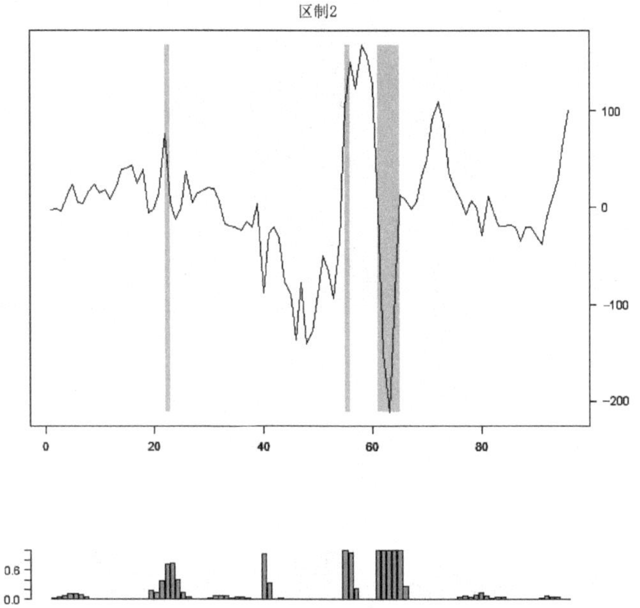

图 5-33　中国经济周期“冲击波动”区制（区制 2）及其平滑概率

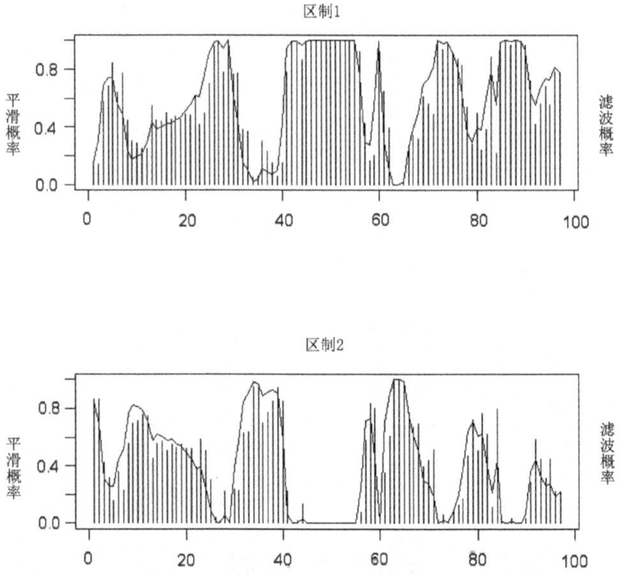

图 5-34　美国经济周期“自律波动”区制（区制 1）和“冲击波动”区制（区制 2）的滤波概率和平滑概率

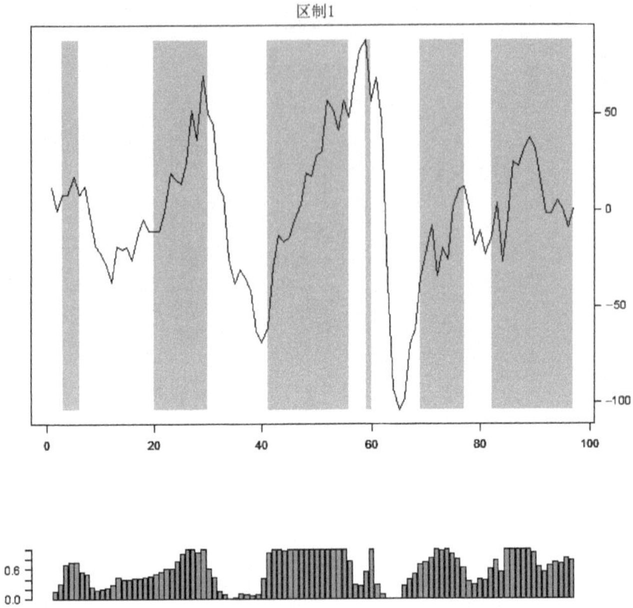

图 5-35　美国经济周期“自律波动”区制（区制 1）及其平滑概率

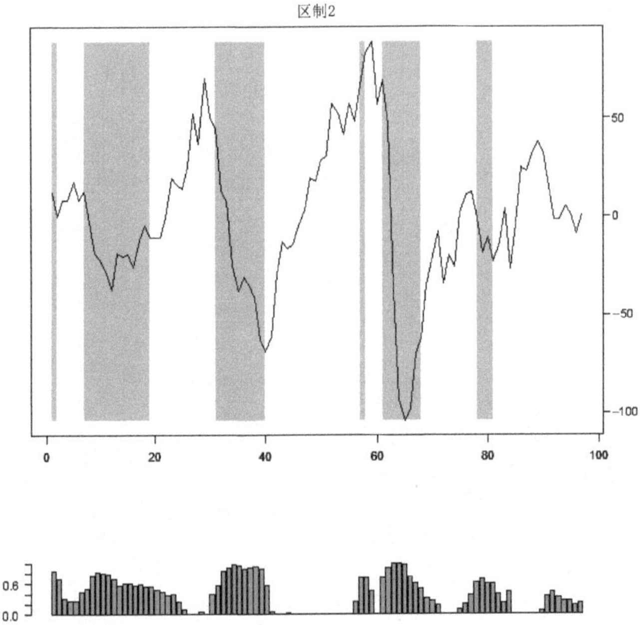

图 5-36　美国经济周期“冲击波动”区制（区制 2）及其平滑概率

五、南非与美国经济周期的协动性

南非和美国 1993 年一季度—2017 年二季度实际 GDP 周期成分数据如图 5-37 所示。根据赤池信息准则（AIC）和贝叶斯信息准则（BIC），我们分别选择二阶自回归和一阶自回归来体现南非和美国经济周期的“自律波动”区制。通过最大似然估计和 EM 算法估计出的南非和美国经济周期波动的马尔科夫区制转移模型分别如表 5-17 和表 5-18 所示。通过南非和美国两国经济周期波动马尔科夫区制转移模型的残差 Q-Q 图（图 5-38 和图 5-39）可以看出，两国经济周期波动马尔科夫区制转移模型的残差基本符合正态分布，尽管存在异常值，但由于样本量相对较小，不能拒绝残差服从正态分布的假定。同时，两国经济周期波动马尔科夫区制转移模型的残差自相关图和偏自相关图也显示两个模型的残差均不存在自相关。因此，我们所估计出的南非和美国两国经济周期波动马尔科夫区制转移模型也是具有合理性的。

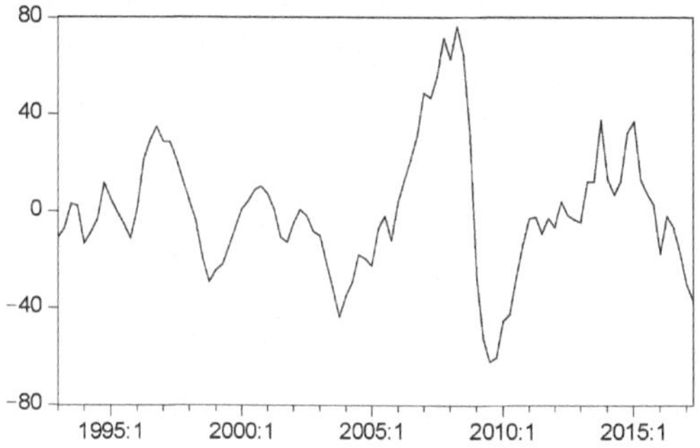

南非

美国

图 5-37　1993 年一季度—2017 年二季度南非和美国实际 GDP 季度数据的周期成分序列

资料来源：根据 EIU CountryData 中的数据利用 H-P 滤波方法得到。

表 5-17　南非经济周期马尔科夫区制转移模型的估计结果

	区制 1：“自律波动”区制				区制 2：“冲击波动”区制			
	估计系数	标准差	t 值	p 值	估计系数	标准差	t 值	p 值
截距	−0.6676	1.1668	−0.5722	0.5672	−0.0921	1.8046	−0.0510	0.9593
ZAF(−1)	1.5326	0.1483	10.3345	$<2.2\times10^{-16}$***	0.8268	0.1290	6.4093	1.162×10^{-10}***
ZAF(−2)	−0.6838	0.1536	−4.4518	$8.518<\times10^{-6}$***	−0.1594	0.1083	−1.4718	0.1411
USA	0.0141	0.0338	0.4172	0.6765	0.2637	0.0481	5.4823	4.198×10^{-8}***
多重 R^2：0.9089　残差标准差：5.778217					多重 R^2：0.8855　残差标准差：10.20483			
AIC：704.9909　BIC：762.0204　对数似然函数值：−344.4954								

注：***、**、*分别表示显著性水平为 0.1%、1%和 5%。

表 5-18　美国经济周期马尔科夫区制转移模型的估计结果

	区制 1：“自律波动”区制				区制 2：“冲击波动”区制			
	估计系数	标准差	t 值	p 值	估计系数	标准差	t 值	p 值
截距	1.6658	1.4818	1.1242	0.2609	−67.0082	3.1180	−21.4908	$<2.2\times10^{-16}$***
USA(−1)	0.8694	0.0527	16.4972	$<2\times10^{-16}$***	−1.5244	0.1807	−8.4361	$<2.2\times10^{-16}$***
ZAF	0.0453	0.0741	0.6113	0.5410	3.3214	0.2559	12.9793	$<2.2\times10^{-16}$***
多重 R^2：0.8402　残差标准差：14.11434					多重 R^2：0.9916　残差标准差：4.766929			
AIC：808.3512　BIC：851.2477　对数似然函数值：−398.1756								

注：***、**、*分别表示显著性水平为 0.1%、1%和 5%。

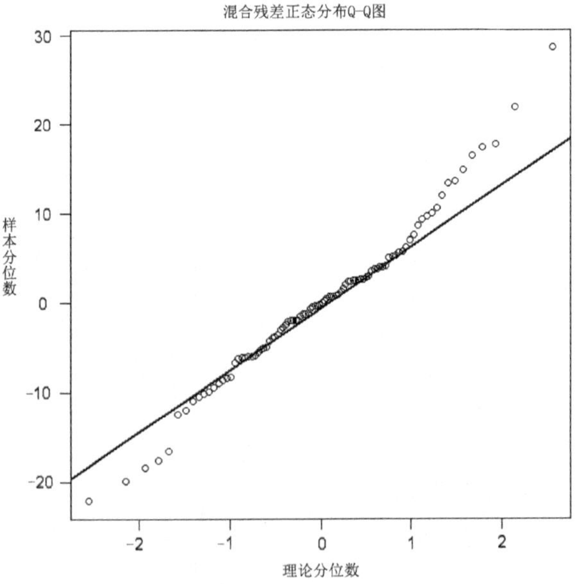

图 5-38　南非经济周期马尔科夫区制转移模型的残差 Q-Q 图

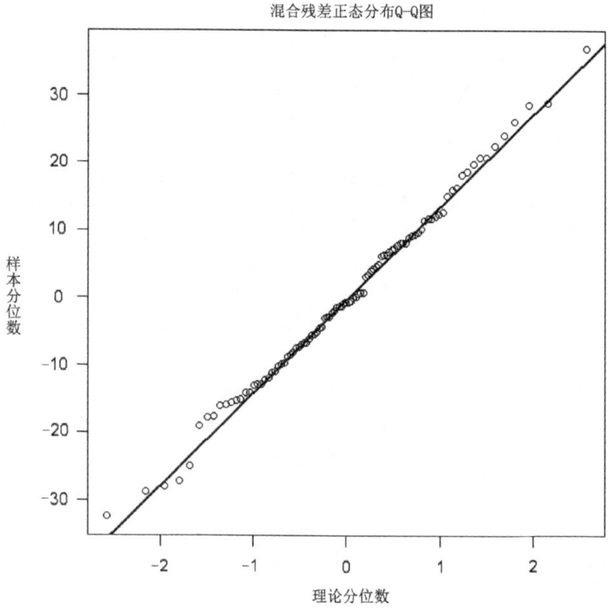

图 5-39 美国经济周期马尔科夫区制转移模型的残差 Q-Q 图

从表 5-17 南非经济周期波动的马尔科夫区制转移模型估计结果来看，在“自律波动”的区制 1 南非经济周期波动主要受到其自身滞后一期的正向影响和自身滞后二期的负向影响，而在“冲击波动”的区制 2 南非经济周期波动除了受自身滞后一期的影响外，美国经济波动对南非经济周期波动也产生了非常显著的正向影响。同样，从表 5-18 美国经济周期波动的马尔科夫区制转移模型估计结果来看，在“自律波动”的区制 1 美国经济周期波动主要受到其自身滞后一期的影响（影响系数为 0.8694），而在“冲击波动”的区制 2 美国经济周期波动受自身滞后一期的影响变为负向，南非经济波动对美国经济周期波动产生了明显的影响。这一结果表明南非和美国两国经济周期的波动存在协动性的区制。

从表 5-19 和表 5-20 两国经济周期的区制转移概率矩阵来看，南非和美国经济周期的“自律波动”区制（区制 1）和“冲击波动”区制（区制 2）都具有“自维持”的特征，但南非“冲击波动”区制（区制 2）的“自维持”概率高于美国，而美国“自律波动”区制（区制 1）的“自维持”概率高于南非，这在一定程度上反映出南非经济周期的波动更易于受到美国的冲击。

表 5-19　南非经济周期的区制转移概率矩阵

	区制 1	区制 2
区制 1	0.95574373	0.02019157
区制 2	0.04425627	0.97980843

表 5-20　美国经济周期的区制转移概率矩阵

	区制 1	区制 2
区制 1	0.98271924	0.3448073
区制 2	0.01728076	0.6551927

从图 5-40 至图 5-45 两国经济周期“自律波动”区制（区制 1）和“冲击波动”区制（区制 2）的滤波概率和平滑概率来看，两国在 1993—2017 年的经济周期波动呈现出不对称性，特别是近年来美国对南非经济波动的冲击概率持续保持在高位，而南非对美国经济波动则几乎没有影响。这也在一定程度上反映出南非和美国两国经济周期波动的互动性也并不明显。

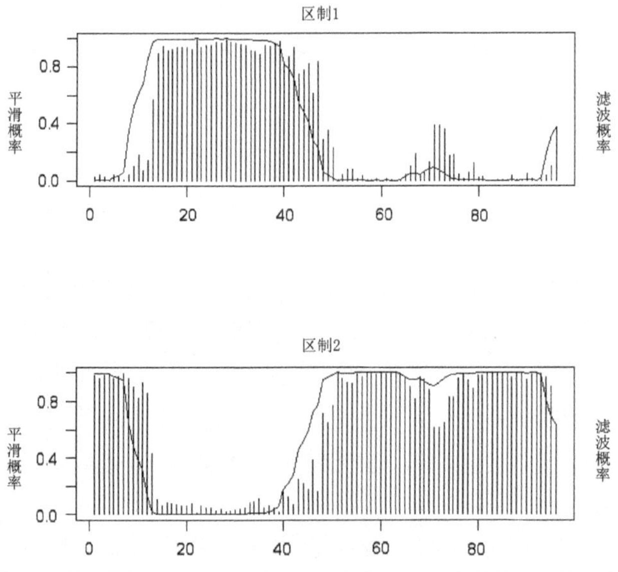

图 5-40　南非经济周期“自律波动”区制（区制 1）和“冲击波动”区制（区制 2）的滤波概率和平滑概率

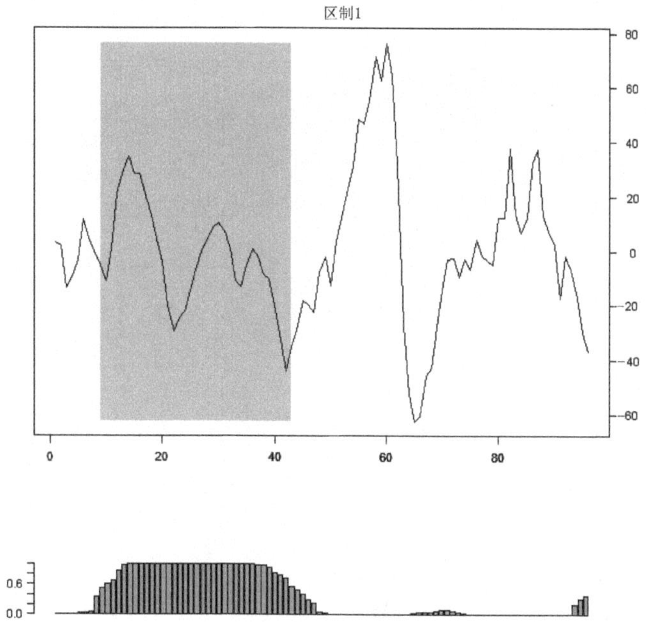

图 5-41 南非经济周期“自律波动”区制（区制 1）及其平滑概率

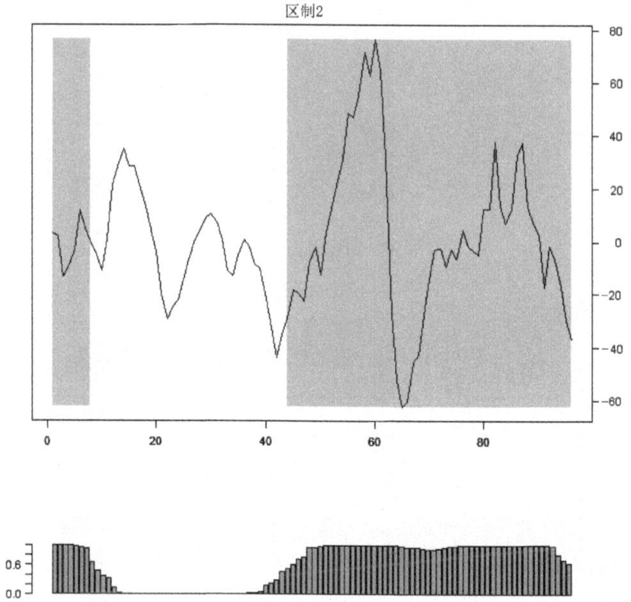

图 5-42 南非经济周期“冲击波动”区制（区制 2）及其平滑概率

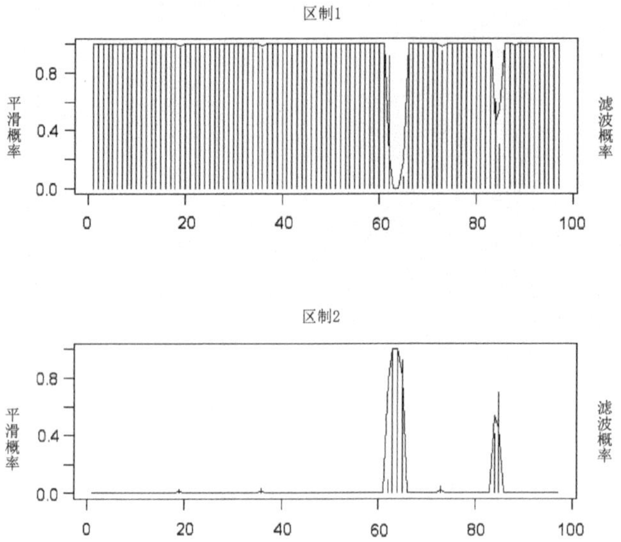

图 5-43　美国经济周期“自律波动”区制（区制 1）和“冲击波动”区制（区制 2）的滤波概率和平滑概率

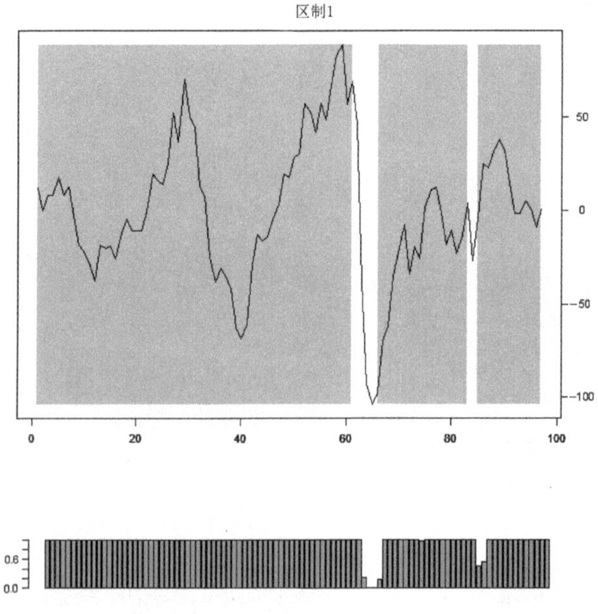

图 5-44　美国经济周期“自律波动”区制（区制 1）及其平滑概率

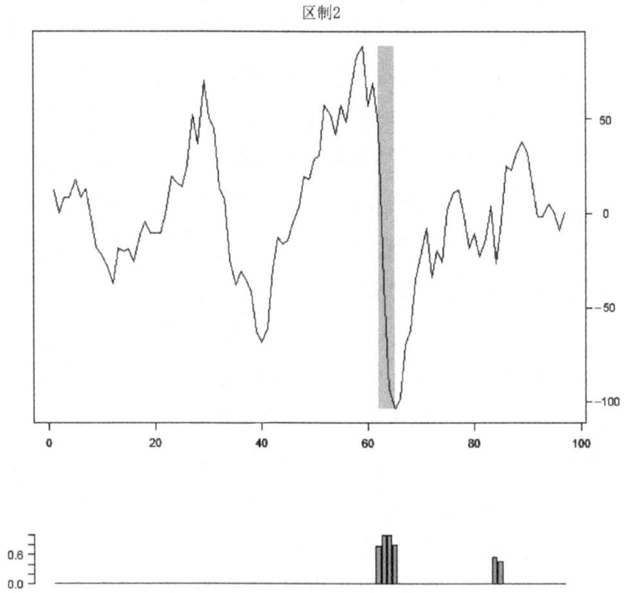

图 5-45　美国经济周期“冲击波动”区制（区制 2）及其平滑概率

第四节　研究结论及启示

本章分别建立了金砖国家与美国经济周期波动的马尔科夫区制转移模型进行估计，结果表明，金砖国家与美国的经济周期波动均存在具有明显协动性的区制，但各国也表现出了明显不同的特点。总体来看，巴西、中国和南非分别与美国经济周期的“自律波动”区制（区制 1）和“冲击波动”区制（区制 2）都呈现出“自维持”的特征，表明这些国家和美国经济周期的波动都表现出了一定的稳定性。但俄罗斯、印度与美国经济周期的“冲击波动”区制（区制 2）的“自维持”概率比较高，而“自律波动”区制（区制 1）的“自维持”概率比较低，这在一定程度上反映出俄罗斯和印度经济周期的自律波动具有不稳定性的特征。相比较而言，中国与美国经济周期的互动性最为明显，印度与美国经济周期的协动性在明显提升，而巴西、俄罗斯和南非与美国经济周期的协动性则比较弱。这些研究结论具有重要的政策含义和启示。

当前美国仍然是世界最发达经济体，其经济发展和经济周期变化在一定程度上体现了全球经济的发展变化。随着金砖国家实力的增强，其与美国经济周期的互动性在增强。美国经济近年来受次贷危机及其后的国际金融危机影响，复苏一直比较脆弱乏力，但毕竟还是表现出了逐步改善的迹象。国际货币基金组织在 2017 年 10 月发布的《世界经济展望》中预测美国 2017 年经济增长率为 2.2%，2018 年将提高到 2.3%。特别是美国就业市场近期持续强劲复苏，失业率不断下降，至 2017 年 10 月已由国际金融危机期间高达 10% 降至了 4.1%。当前美国经济的复苏改善对于金砖国家经济而言显然是“好消息”，有利于通过贸易、投资等渠道正向拉动和促进其经济增长。从长远来看，金砖国家与美国经济周期的协动性会随着金砖国家经济实力的提升以及双边贸易和投资关系的强化而不断增强。金砖国家与美国应当从战略高度出发加强合作，密切沟通配合，妥善处理一切矛盾和摩擦，充分利用经济的相互促进和拉动作用，促进经济的共同发展。事实上，金砖国家特别是中国和印度与美国近年来是世界经济复苏增长的最主要拉动力量。从这个意义上来说，金砖国家与美国加强合作不仅有利于各自经济的相互促进和增长，也有利于整个世界经济的繁荣稳定和发展。

第六章　金砖国家经济周期协动性的启示

金砖国家的经济周期存在明显协动性，并且与美国经济和世界经济的互动性在不断加强。当前国际经济秩序和全球治理模式仍然存在由发达国家主导、不公正、不合理等问题。金砖国家应该充分利用经济周期的协动性，通过“抱团取暖”的方式提高新兴市场国家和发展中国家的代表性和发言权，推动国际经济新秩序和公正合理的全球治理模式构建，一起打造人类命运共同体。

第一节　当前国际经济秩序和全球治理模式中存在的问题

国际经济秩序和全球治理模式作为全球性的制度和规则，通过规范经济主体的经济活动，从根本上决定着全球经济利益的分配格局。当前国际经济秩序和全球治理模式总体上是由发达国家所主导的，基本上反映的是发达国家的利益，因而其存在的最主要问题就是缺乏公平性和合理性。这主要表现在以下几个方面。

一、不合理的国际生产分工体系

当前，虽然传统单一的国际分工体系已经演变为多层次的国际分工体系，但广大发展中国家与发达国家之间的国际分工形式仍然主要是垂直型分工：发达国家垄断高科技、高附加值产品的生产，发展中国家则作为它们的原料、低级工业品供应地和产品销售市场。虽然第二次世界大战后发展中国家在工业化、产业结构的调整和升级方面取得了较大的进展，包括接受了西方发达国家转移出来的部分产业，但是由于西方发达国家在向发展中国家转移产业时有意控制关键性核心技术的转移，所以这一大的国际分工格局并没有随着经济全球化的发展而发生向合理化调整的重大和根本性改变。当前，发达国家的经济已经从工业化经济走向信息经济，新兴的金融服务业，以计算机、网络等为代表的高技术产业已成为新的主导产业，使得发达国家在国际分工体系中仍处于最高层，获取了国际分工的绝大多数利益；而大多数发展中国家，则以生产食品、农业原料、矿物和金属等初级产品为主，处于国际分工和全球价值链的底层；有些国家甚至在新的科技革命中被“边缘化”，难以享受国际分工的利益。

二、不合理的国际贸易体系

第二次世界大战后至今，支撑国际贸易体系的制度框架是关贸总协定和1995年1月1日成立的世界贸易组织。关贸总协定和世界贸易组织的宗旨和目标是推进全球贸易自由化，提高世界的福利水平，但总体上来看在贸易自由化进程中获益最多的仍然是发达国家。在“自由贸易”“最惠国待遇”等原则下迅速发展的贸易全球化，更有利于发达国家依据其优势地位在全球市场上进行经济扩张。因为发达国家和发展中国家在初始市场资源配置上存在着悬殊差别和不平等，发达国家的跨国公司拥有巨额资本且在技术、成本、销售渠道、市场管理经验等方面占有很大优势，而发展中国家的企业资金匮乏、规模效益差、技术层次低、市场经济经验欠缺，两者在市场上进行自由竞争和贸易的结果决定了最终的利益分配有益于发达国家。特别是在关贸总协定乌拉圭回合和世界贸易组织有关农产品、服务贸易、与贸易有关的知识产权和与贸易有关的投资措施谈判中，很明显是维护发达国家的利益，便于发达国家在占据绝对优势的农产品、服务贸易、投资和技术领域进一步打开和占领发展中国家的市场。而且，发达国家还利用自己在经济和科技上的垄断优势，频频对发展中国家的出口商品设置名目繁多的技术标准、卫生检疫等非关税壁垒，实施贸易保护，使发展中国家遭受损失。

三、不合理的国际金融体系

在国际金融领域，发达国家仍然居于主导地位。第二次世界大战后形成的布雷顿森林体系，实际上是美国经济霸权在国际货币制度上的反映。1973年布雷顿森林体系解体后，国际货币基金组织和世界银行在国际金融领域发挥了重要作用，但这两大国际金融组织也主要体现了发达国家的意志。国际货币基金组织和世界银行在发展中国家资金短缺而对发展中国家提供贷款和援助时，往往逼迫借贷国和受援国接受苛刻的附加条件，直接要求发展中国家改革国内体制甚至包括政治体制，以及调整宏观经济政策。例如，1980 年世界银行提出了“结构调整贷款”（Structural Adjustment Loans，SAL）的放贷制度，规定了严格的贷款条件；1986 年国际货币基金组织也制定了类似的“融资结构调整”（Structural Adjustment Facility，SAF）的融资制度；1997 年东南亚金融危机爆发后，国际货币基金组织和世界银行在提供援助时附加条件，要求东南亚国家采取紧缩的货币政策和更加自由的贸易政策。国际货币基金组织和世界银行的这些做法集中体现了发达国家的意志，实际上等于把发达国家的经济政治制度强加给发展中国家，从而为发达国家的经济利益服务。

四、不合理的规则制定权

不合理的规则制定权在国际货币基金组织、世界银行和世界贸易组织中体现得最为明显。虽然国际货币基金组织和世界银行对发展中国家的经济发展和资金融通有一定的积极作用，但各成员国在参与决策方面的权力不是按国家的多少，而是按向其认缴的份额和认购的股本多少确定。发达国家依靠其雄厚的资本和经济实力，在国际货币基金组织和世界银行占有大多数的份额和投票权，特别是美国，在国际货币基金组织和世界银行占有的投票权分别达 16.52%和 16.30%（如表 6-1 所示），实际上拥有了绝对的否决权，因为国际货币基金组织和世界银行重大问题的决策必须有 85%以上的赞成票支持。这种状况使得国际经济和金融规则的制定主要维护发达国家特别是美国的政治经济利益，而对于发展中国家的意志和利益往往不能充分体现。这一点即使在 2010 年世界银行通过了发达国家向发展中国家转移 3.13 个百分点投票权的改革方案以及发展中国家在国际货币基金组织的份额提高至少 5%的份额改革计划完成后仍然没有根本性的变化。同样，在世界贸易组织中，贸易规则的制定权也主要掌握在发达成员手中，美国、欧盟、日本等发达成员的态度往往决定着多边贸易谈判的进程，而发展中成员总体上缺乏话语权。这一点在世界贸易组织多哈回合谈判的停滞不前局面中得到了体现。

表 6-1　各国在国际货币基金组织和世界银行的份额和投票权

国家	在 IMF 份额		在 IMF 投票权		在世界银行认购股份		在世界银行投票权	
	数量（百万 SDRs）	占总数百分比（%）	数量	占总数百分比（%）	数量（百万 1944 年美元）	占总数百分比（%）	数量	占总数百分比（%）
美国	82 994.2	17.46	831 407	16.52	38 450.2	17.23	385 196	16.30

续表

国家	在 IMF 份额		在 IMF 投票权		在世界银行认购股份		在世界银行投票权	
	数量（百万 SDRs）	占总数百分比（%）	数量	占总数百分比（%）	数量（百万 1944 年美元）	占总数百分比（%）	数量	占总数百分比（%）
日本	30 820.5	6.48	309 670	6.15	16 544.4	7.41	166 138	7.03
德国	26 634.4	5.60	267 809	5.32	9 657.4	4.33	97 268	4.12
英国	20 155.1	4.24	203 016	4.03	9 040.4	4.05	91 098	3.86
法国	20 155.1	4.24	203 016	4.03	9 040.4	4.05	91 098	3.86
意大利	15 070.0	3.17	152 165	3.02	6 337.2	2.84	64 066	2.71
加拿大	11 023.9	2.32	111 704	2.22	5 835.4	2.61	59 048	2.50
韩国	8 582.7	1.81	87 292	1.73	3 752.4	1.68	38 218	1.62
墨西哥	8 912.7	1.87	90 592	1.80	4 011.9	1.80	40 813	1.73
中国	30 482.9	6.41	306 294	6.09	10 659.4	4.78	107 288	4.54
俄罗斯	12 903.7	2.71	130 502	2.59	6 650.5	2.98	67 199	2.84
印度	13 114.4	2.76	132 609	2.64	6 992.3	3.13	70 617	2.99
巴西	11 042.0	2.32	111 885	2.22	4 246.1	1.90	43 155	1.83
南非	3 051.2	0.64	31 977	0.64	1 762.7	0.79	18 321	0.78

资料来源：国际货币基金组织网站，http://www.imf.org/external/np/sec/memdir/members.aspx；世界银行网站，http://siteresources.worldbank.org/BODINT/Resources/278027-1215524804501/IBRDCountryVotingTable.pdf。

注：有关国际货币基金组织的数据截至 2016 年 1 月 26 日；有关世界银行的数据截至 2017 年 8 月 31 日。

第二节　金砖国家在推动国际经济新秩序构建中的作用

面对当前国际经济秩序和全球治理模式中存在的问题，金砖国家应当进一步加强合作，将金砖合作机制作为国际经济新秩序和新全球治理模式的模板和“试验场”，与国际社会一道，努力创建互利共赢、公平合理的国际经济新秩序和全球治理模式。近年来，随着中国经济持续发展和经济实力增强，中国日益成为全球合作的引领者。其他金砖国家也应当以中国为表率，为建立公正合理的国际经济新秩序充分发挥作用。

一、中国日益成为全球合作的引领者

随着中国经济引领发展，中国在世界经济中的地位和作用不断提升，近年来中国日益成为全球合作的引领者，这突出表现在以下几个方面。

第一，提出共同构建人类命运共同体理念，得到国际社会的普遍认同。

当前，人类社会正处于大发展、大变革、大调整时期，世界多极化和经济全球化深入发展，各种挑战和风险与日俱增。在此背景下，中国提出和倡导建立共商共建共享的“人类命运共同体”理念，为应对人类面临的共同挑战和全球性问题提供了中国智慧和中国方案。2017 年 1 月，中国国家主席习近平在联合国日内瓦总部发表了题为《共同构建人类命运共同体》的主旨演讲，全面系统地阐述了人类命运共同体的理念。习近平主席指出，“世界命运应该由各国共同掌握，国际规则应该由各国共同书写，全球事务应该由各国共同治理，发展成果应该由各国共同分享”。他强调，在构建人类命运共同体理念的引领下，国际社会关键要采取“五个坚持”的实际行动：坚持对话协商，建设一个持久和平的世界；坚持共建共享，建设一个普遍安全的世界；坚持合作共赢，建设一个共同繁荣的世界；坚持交流互鉴，建设一个开放包容的世界；坚持绿色低碳，建设一个清洁美丽的世界。中国在与国际社会共同推进构建人类命运共同体的进程中，“维护世界和平的决心不会改变”“促进共同发展的决心不会改变”“打造伙伴关系的决心不会改变”“支持多边主义的决心不会改变”。

中国所倡导的构建人类命运共同体、实现共赢共享的中国方案，引起了世界范围的广泛关注，日益得到国际社会的普遍认同。2017 年 2 月，联合国社会发展委员会第 55 届会议通过了“非洲发展新伙伴关系的社会层面”决议，呼吁国际社会本着合作共赢和构建人类命运共同体的精神，加强对非洲经济和社会发展的支持。“构建人类命运共同体”理念首次被写入了联合国决议。2017 年 3 月，联合国安理会一致通过关于阿富汗问题的第 2344 号决议。该决议强调，应本着合作共赢精神推进地区合作，以有效促进阿富汗及地区安全、稳定和发展，构建人类命运共同体。“构建人类命运共同体”理念又被首次载入了联合国安理会决议。2017 年 11 月，中国关于“构建人类命运共同体”的理念被写入第七十二届联大负责裁军和国际安全事务第一委员会（联大一委）会议通过的“防止外空军备竞赛进一步切实措施”和“不首先在外空放置武器”两份安全决议中。联合国决议相继载入中国所倡导的“构建人类命运共同体”的重要理念，说明国际社会对这一理念的重要意义和价值形成了共识，同时也彰显了中国对人类社会合作发展和全球治理的理念引领已经产生了重要影响。

第二，坚定支持经济全球化进程，维护世界经济的开放性。

近年来，由于美国次贷危机及其后引发的国际金融危机影响，全球经济增长趋缓、国际贸易和投资增长乏力、收入与财富分配不均状况日益严重，导致反全球化思潮和形形色色的保护主义抬头，世界经济面临的不确定性和潜在风险不断增加。英国公投脱欧和唐纳德·特朗普当选美国总统则是反全球化思潮和保护主义抬头的集中体现。面对这种复杂多变的国际环境，中国积极引领经济全球化的潮流，维护世界经济的开放性，不断增强全球经济应对挑战和走出困境的信心，从而为世界发展不断注入正能量。

2016 年 9 月，中国在杭州成功举办了二十国集团（G20）领导人第十一次峰会。本次峰会主题为“构建创新、活力、联动、包容的世界经济”，围绕“加强政策协调、创新增长方式”“更高效的全球经济金融治理”“强劲的国际贸易和投资”“包容和联动式发展”以及“影响世界经济的其他突出问题”等重点议题展开讨论。会议通过了《二十国集团创新增长蓝图》以及《二十国集团全球贸易增长战略》和全球首个多边投资规则框架《二十国集团全球投资指导原则》，重申支持多边贸易体制，反对保护主义，以释放全球经贸合作潜力，通过重振国际贸易和投资这两大引擎的作用来构建开放型世界经济。2017 年 1 月，中国国家主席习近平在世界经济论坛 2017 年年会开幕式上发表了题为《共担时代责任 共促全球发展》的主旨演讲。他强调指出，经济全球化是一把“双刃剑”，面对经济全球化带来的机遇和挑战，正确的选择应当是充分利用一切机遇，合作应对一切挑战，引导好经济全球化的走向。2007 年美国次贷危机的爆发引发了全球金融危机，在当前的后危机时代，世界经济长期持续低迷、复苏乏力，贫富差距、南北差距问题愈加突出，世界经济领域存在着尚未得到有效解决的三大突出矛盾：全球增长动能不足、全球经济治理滞后和全球发展失衡。而把这些困扰世界的问题简单归咎于经济全球化，既不符合事实，也无助于问题解决。因此我们要适应和引导好经济全球化，化解经济全球化的负面影响，使全球化更具活力、包容性和普惠性。要解决世界经济增长、治理和发展模式存在的突出问题，必须要坚持创新驱动，打造富有活力的增长模式；坚持协同联动，打造开放共赢的合作模式；坚持与时俱进，打造公正合理的治理模式；坚持公平包容，打造平衡普惠的发展模式。2017 年 3 月中国主办的博鳌亚洲论坛 2017 年年会主题为“直面全球化与自由贸易的未来”。本届论坛发布了《博鳌亚洲论坛关于促进经济全球化的宣言》，指出经济全球化是科技进步的必然结果，经济全球化带来的新问题并不在于经济全球化本身，而是由于现行全球治理体制同世界经济格局深刻变化不相适应所造成的。世界各国政府应视经济全球化为积极力量，主动顺应经济全球化，在经济主权以及权利与义务公平对等的原则基础上，通过加强对话与合作，不断改革完善国际经济秩序和全球治理体系，同时通过进一步推动贸易投资自由化和便利化进程，确保世界各国经济的共同繁荣和可持续增长。2017 年 11 月，习近平主席在亚太经合组织（APEC）工商领导人峰会上的主旨演讲中进一步指出，过去数十年，经济全球化对世界经济发展作出了重要贡献，已成为不可逆转的时代潮流。同时，面对形势的发展变化，经济全球化在形式和内容上都面临新的调整，理念上应该更加注重开放包容，方向上应该更加注重普惠平衡，效应上应该更加注重公正共赢。

可以说，在当前全球化遭遇质疑、反全球化思潮和保护主义抬头的背景下，中国在二十国集团领导人峰会、世界经济论坛、博鳌亚洲论坛以及 APEC 领导人非正式会议等重要场合和平台不断清晰传递出坚定支持经济全球化进程、维护世界经济开放性的声音，彰显了中国作为世界大国引领各国合作发展的责任和担当，提振了人们对世界经济未来发展的信心和希望。

第三，通过“一带一路”建设引领各国合作，共享发展。

2013 年中国提出共建“丝绸之路经济带”和“21 世纪海上丝绸之路”（简称“一带一路”）的重大倡议，受到国际社会的广泛关注。“丝绸之路经济带”和“海上丝绸之路经济带”涉及 65 个国家和地区，包括东亚的蒙古，新加坡、马来西亚、印度尼西亚、缅甸、泰国、老挝、柬埔寨、越南、文莱和菲律宾等东盟 10 国，伊朗、伊拉克、土耳其、叙利亚、约旦、黎巴嫩、以色列、巴勒斯坦、沙特阿拉伯、也门、阿曼、阿联酋、卡塔尔、科威特、巴林、希腊、塞浦路斯和埃及的西奈半岛等西亚 18 国和地区，印度、巴基斯坦、孟加拉、阿富汗、斯里兰卡、马尔代夫、尼泊尔和不丹等南亚 8 国，哈萨克斯坦、乌兹别克斯坦、土库曼斯坦、塔吉克斯坦和吉尔吉斯斯坦等中亚 5 国，俄罗斯、乌克兰、白俄罗斯、格鲁吉亚、阿塞拜疆、亚美尼亚和摩尔多瓦等独联体 7 国以及波兰、立陶宛、爱沙尼亚、拉脱维亚、捷克、斯洛伐克、匈牙利、斯洛文尼亚、克罗地亚、波黑、黑山、塞尔维亚、阿尔巴尼亚、罗马尼亚、保加利亚和马其顿等中东欧 16 国。共建“一带一路”旨在促进经济要素有序自由流动、资源高效配置和市场深度融合，推动沿线各国实现经济政策协调，开展更大范围、更高水平、更深层次的区域合作，共同打造开放、包容、均衡、普惠的区域经济合作架构，建立一个包括欧亚非大陆在内的陆海内外联动、东西双向开放，世界各国政治互信、经济融合、文化包容的利益共同体、命运共同体和责任共同体。“一带一路”建设是中国在新的历史条件下引领各国合作共享发展的重要抓手和平台。

2015 年 3 月，中国国家发展和改革委员会、外交部、商务部联合发布了《推动共建丝绸之路经济带和 21 世纪海上丝绸之路的愿景与行动》，明确提出了“一带一路”的共建原则、框架思路、合作重点以及合作机制等倡议，为“一带一路”建设提供了行动指南。之后，中国政府有关部门相继发布了《共建“一带一路”：理念、实践与中国的贡献》《推动“一带一路”能源合作的愿景与行动》《共同推进“一带一路”建设农业合作的愿景与行动》《关于推进绿色“一带一路”建设的指导意见》《“一带一路”建设海上合作设想》以及《“一带一路”生态环境保护合作规划》等文件，不断完善“一带一路”建设的顶层规划和设计。2017 年 5 月 14 日至 15 日，中国在北京成功举办了第一届“一带一路”国际合作高峰论坛。中国国家主席习近平在论坛开幕式发表了题为《携手推进“一带一路”建设》的主旨演讲，指出要坚持共商、共建、共享原则，以政策沟通、设施联通、贸易畅通、资金融通、民心相通为目标，将“一带一路”建成和平之路、繁荣之路、开放之路、创新之路、文明之路。本届高峰论坛举行了“政策沟通”“加快设施联通”“推动贸易畅通”“促进资金融通”“增进民心相通”以及“智库交流”等六场平行主题会议，发布了《“一带一路”国际合作高峰论坛圆桌峰会联合公报》，论坛成果清单涵盖了政策沟通、设施联通、贸易畅通、资金融通、民心相通 5 大类，共 76 大项、270 多项具体成果。“一带一路”国际合作高峰论坛的成功举办加深了全球对“一带一路”的理解，为进一步推动中国和沿线国家开展全方位务实合作奠定了坚实基础。

自“一带一路”倡议提出以来，中国实施了一系列政策措施积极推动“一带一路”建设并已取得初步成效。据统计，在全球贸易持续低迷的背景下，2016 年中国与“一带一路”沿线国家货物贸易总额达 9478 亿美元，占同期中国货物贸易进出口总额的 25.7%；与“一带一路”沿线国家服务贸易进出口总额为 1222 亿美元，占同期中国服务贸易进出口总额的 15.2%，比 2015 年提高 3.4 个百分点。2016 年中国对“一带一路”沿线 53 个国家直接投资达 145.3 亿美元，占同期总额的 8.5%。中国企业对相关 61 个国家新签对外承包工程项目合同 8158 份，新签合同额达 1260.3 亿美元，占同期对外承包工程新签合同额的 51.6%，同比增长 36%；完成营业额 759.7 亿美元，占同期总额的 47.7%，同比增长 9.7%。2017 年 1 月中国对沙特阿拉伯、俄罗斯和印度等“一带一路”沿线主要国家的贸易分别增长了46.9%、44%和23.6%，成为全球贸易中的一大亮点。据国际货币基金组织预测，到2020年“一带一路”沿线国家和地区货物贸易总额将达到19.6万亿美元，占全球货物贸易总额的38.9%。截至2016年年底，已有一百多个国家表达了对共建“一带一路”倡议的支持和参与意愿。共建“一带一路”合作倡议还先后于2016年11月、2017年3月和2017年5月被载入联合国决议、联合国安理会决议和联合国亚太经社会决议。可以说，“一带一路”建设是中国引领各国合作共享发展的积极探索，通过秉持“和平合作、开放包容、互学互鉴、互利共赢”的丝绸之路精神，中国不断扩大与“一带一路”沿线国家的合作共识，已经推动共建“一带一路”由规划设计蓝图方案变为各方积极参与的实际合作行动。

二、金砖国家合力推动国际经济新秩序的构建

金砖国家作为一个整体，人口数量众多，经济体量和发展潜力巨大，在其各自所属地区都拥有巨大影响力。金砖国家合作机制的形成有力提升了金砖国家乃至新兴经济体和发展中国家整体在全球的经济地位，在一定程度上改善了全球经济秩序。但如前所述，当前国际经济秩序和全球治理模式总体上是由发达国家主导的，缺乏公平性和合理性。金砖国家应当同舟共济，进一步加强合作，推动全球治理体系改革，努力构建更加公平合理的国际经济新秩序。2017年金砖国家领导人厦门会晤发布的《厦门宣言》强调，“我们决心构建一个更加高效、反映当前世界经济版图的全球经济治理架构，增加新兴市场和发展中国家的发言权和代表性。我们重申致力于推动国际货币基金组织于2019年春会、不迟于2019年年会前完成第15轮份额总检查，包括形成一个新的份额公式。我们将继续推动落实世界银行股权审议。”

为推动国际经济新秩序的构建，金砖国家应当进一步促进南北对话，加强南南合作。由于旧的国际经济秩序是建立在发达国家对发展中国家进行剥削和压迫基础之上的，南北关系中充斥着不公正、不合理的现象，导致出现了南北经济差距不断扩大，南北贸易冲突加剧，发展中国家债务负担沉重等问题。为改变国际经济旧秩序，为民族经济的发展创造良好的国际经济环境，广大发展中国家进行了长期不懈的努力。1955年4月18日至24日，29个亚洲、非洲国家和地区的政府代表团在印度尼西亚万隆召开了亚非会议，这是亚非国家第一次在没有殖民国家参加的情况下讨论亚非人民切身利益的大型国际会议。会议一致通过了包括经济合作、促进世界和平和合作的宣言等项

内容的《亚非会议最后公报》。其中《关于促进世界和平与合作的宣言》提出了处理国际关系的 10 项原则。尽管万隆会议提出加强亚非之间互助合作、共同争取国际经济关系中平等地位的斗争还处于起步阶段，但它指出了亚非国家之间经济发展的正确方向和发展前景，成为日后第三世界经济合作和争取建立国际经济新秩序斗争的先导。20 世纪 60 年代，发展中国家的国际组织纷纷建立，从而为发展中国家参与建立国际经济新秩序的斗争从组织上和思想上做了广泛的准备。1960 年，为维护自身利益、掌握石油定价权，石油输出国组织（OPEC）成立，此后各原料生产国组织和区域经济合作组织相继成立。1961 年 9 月 1 日至 6 日，25 个国家在前南斯拉夫首都贝尔格莱德举行了第一次不结盟国家和政府首脑会议，正式宣告了不结盟运动（Non-Aligned Movement，NAM）的诞生。不结盟运动奉行独立、自主和非集团的宗旨和原则，支持各国人民争取和维护民族独立、捍卫国家主权以及发展民族经济和民族文化的斗争，呼吁第三世界国家加强团结，主张国际关系民主化和建立国际经济新秩序。在发展中国家的积极推动下，联合国大会于 1962 年 12 月通过了召开贸易和发展大会的决议。1964 年 3 月 23 日至 6 月 16 日，首届贸发大会在瑞士日内瓦举行。同年 12 月，第 19 届联大根据首届贸发大会的建议，通过了 1995 号决议，决定正式成立联合国贸易和发展会议（United Nations Conference on Trade and Development，UNCTAD），并将其作为联大的常设机构之一。[①]贸发会议的宗旨是最大限度地促进发展中国家的贸易、投资机会，并帮助它们应对全球化带来的挑战和在公平的基础上融入世界经济。贸发会议自成立以来在促进发展中国家经济发展、推动南北对话和南南合作方面发挥了重要作用。1964 年 6 月 15 日在日内瓦召开的第一届联合国贸易和发展大会上，发达国家和发展中国家在一些重大问题上产生严重分歧。77 个发展中国家和地区联合起来，发表了《七十七国联合宣言》，要求建立新的、公正的国际经济秩序，并以此组成一个集团参加联合国贸易和发展会议的谈判，因而该集团被称为七十七国集团。[②]七十七国集团成立后，在维护发展中国家独立和主权、建立国际经济新秩序的斗争中发挥了重大作用。1964 年 10 月召开的第二次不结盟国家和政府首脑会议首先提出了建立国际经济新秩序的口号，随后七十七国集团的部长级会议也强调建立新秩序的重要性，并提出了具体主张。在发展中国家的努力斗争特别是在不结盟国家和

① 截至 2017 年 11 月，联合国贸发会议共有 194 个成员。
② 截至 2017 年 11 月，七十七国集团有正式成员 134 个。

七十七国集团的积极推动下，1974 年 5 月联合国大会第六届特别会议通过了《关于建立新的国际经济秩序的宣言》和《建立新的国际经济秩序的行动纲领》。《关于建立新的国际经济秩序的宣言》提出了建立新的国际经济秩序所应遵守的 20 条基本原则，而《建立新的国际经济秩序的行动纲领》则确立了建立主权平等、公平互利的国际经济新秩序的 10 项基本目标。这标志着发展中国家建立国际经济新秩序的斗争进入一个新的阶段。20 世纪 80 年代以后，发展中国家争取建立国际经济新秩序的斗争进入了实质性阶段，触及了发达国家的根本利益，因此受到发达国家的阻挠，南北关系也由此陷入僵局。随着南北经济差距的进一步扩大，南北贸易冲突加剧，发展中国家债务危机和金融危机频发制约着其经济发展。为维护自身的权益，发展中国家继续通过联合国贸易和发展会议、七十七国集团首脑会议、不结盟国家和政府首脑会议以及二十国集团领导人峰会等机制和渠道表达要求建立公正、合理的国际经济新秩序的强烈愿望。总体上来看，经过长期斗争，发展中国家争取建立国际经济新秩序的努力取得了一定成绩，如在国际经济关系中掌握了一定的话语权、促使《洛美协定》的签订和普惠制的实施、加强了发达国家对发展中国家的经济援助、促进了国际货币基金组织和世界银行的机构改革等。但另一方面我们也应看到，直到目前为止，发达国家主导现行国际经济秩序的局面并没有从根本上改变。因此，在新形势下，金砖国家应当继续加强合作，充分利用当前的各种合作框架、平台和机制，包括联合国、国际货币基金组织、世界银行、世界贸易组织、亚太经合组织以及二十国集团领导人峰会等，促进发达国家和发展中国家就构建国际经济新秩序进行对话和协商，积极呼吁发达国家帮助发展中国家增强自主发展能力、改善民生，缩小南北差距，同时给予发展中国家更多机会参与国际经济合作和多边贸易谈判的决策进程和话语权，更多地考虑和关注发展中国家的利益。另一方面，金砖国家也应积极推动新兴经济体和发展中国家加强联系和沟通，促进南南合作，以集体的力量推动国际经济新秩序的构建。1964 年联合国贸易和发展会议的成功建立就反映了发展中国家以集体的力量寻求建立国际经济新秩序的努力所取得的成就。在当前的新形势下，金砖国家应当继续推动发展中国家以各种有效的方式和合作机制联合起来，共同为建立互利共赢、公平合理的国际经济新秩序而努力奋斗。

当然，金砖国家要推动公平合理的国际经济新秩序的建立，关键还是要抓住时机，发展自己。正如邓小平同志所指出的，“发展才是硬道理”。习近平主席也指出，“打铁必须自身硬”。只有金砖国家经济保持持续快速稳定发展，经济实力和综合国力不断提高，才能在国际经济和世界舞台拥有更多的话语权，也才能在构建公平合理的国际经济新秩序过程中发挥更大的作用。金砖国家应当充分利用经济周期的协动性，抓住时机，发展自己，以发展促转变，通过自身实力的增强不断促进公平合理的国际经济新秩序的构建。

党的十九大报告指出，“世界正处于大发展大变革大调整时期，和平与发展仍然是时代主题。世界多极化、经济全球化、社会信息化、文化多样化深入发展，全球治理体系和国际秩序变革加速推进，各国相互联系和依存日益加深，国际力量对比更趋平衡，和平发展大势不可逆转。同时，世界面临的不稳定性不确定性突出，世界经济增长动能不足，贫富分化日益严重，地区热点问题此起彼伏，恐怖主义、网络安全、重大传染性疾病、气候变化等非传统安全威胁持续蔓延，人类面临许多共同挑战”。[①]面对复杂多变的国际形势和环境，金砖国家应当保持信心，抢抓共同发展的机遇，携手应对挑战，为促进世界经济增长、推动国际关系民主化、完善全球治理不断做出更大贡献。我们相信随着中国“一带一路”倡议与俄罗斯“欧亚经济联盟”战略和印度“季风计划”等实现战略对接，金砖国家之间经济周期的协动性会愈加明显。经过共同努力，金砖国家发展的明天一定会更加美好。

① 习近平. 决胜全面建成小康社会 夺取新时代中国特色社会主义伟大胜利——在中国共产党第十九次全国代表大会上的报告[EB/OL]. 新华网，http://news.xinhuanet.com/politics/19cpcnc/2017-10/27/c_1121867529.htm.

附　录

附录1　历次金砖国家领导人会晤声明和宣言①

“金砖四国”领导人第一次会晤联合声明

2009年6月16日，俄罗斯叶卡捷琳堡

我们，巴西联邦共和国、俄罗斯联邦、印度共和国和中华人民共和国领导人于2009年6月16日在叶卡捷琳堡举行会晤，讨论了当今全球经济形势和发展领域的紧迫问题，以及进一步加强“金砖四国”合作的前景。

我们得出以下结论：

1. 我们强调，二十国集团领导人金融峰会在应对金融危机方面发挥了中心作用，峰会有助于促进各国在国际经济和金融领域的合作、政策协调和政治对话。

2. 我们呼吁所有国家和相关国际组织积极落实2009年4月2日在伦敦召开的二十国集团领导人金融峰会共识。我们将在彼此之间并同其他伙伴开展密切合作，确保2009年9月在匹兹堡举行的二十国集团峰会在采取集体行动方面取得更多进展。我们期待2009年6月24日至26日在纽约举行的联合国“世界金融和经济危机及其对发展的影响高级别会议”取得成功。

3. 我们承诺推动国际金融机构改革，使其体现世界经济形势的变化。应提高新兴市场和发展中国家在国际金融机构中的发言权和代表性。国际金融

① 资料来源于中华人民共和国外交部网站。由于篇幅所限略去了第六次至第八次领导人会晤发布的宣言。

机构负责人和高级领导层选举应遵循公开、透明、择优原则。我们强烈认为应建立一个稳定的、可预期的、更加多元化的国际货币体系。

4. 我们确信，一个改革后的金融经济体系应包含以下原则：

——国际金融机构的决策和执行过程应民主、透明；

——坚实的法律基础；

——各国监管机构和国际标准制定机构活动互不抵触；

——加强风险管理和监管实践。

5. 我们认识到国际贸易和外国直接投资对全球经济复苏的重要作用。我们呼吁各方共同努力改善国际贸易和投资环境。我们敦促各方保持多边贸易体系稳定，遏制贸易保护主义，并推动世界贸易组织多哈回合谈判取得全面、平衡的成果。

6. 最贫困国家受金融危机影响最为严重。国际社会需要加强向这些国家提供流动性支持的力度，努力将危机对发展的影响降到最低，确保实现千年发展目标。发达国家应兑现官方发展援助占其国民总收入 0.7%的承诺，进一步向发展中国家增加援助、减免债务、开放市场和转让技术。

7. 实施《里约宣言》《21 世纪议程》及多边环境条约中所强调的可持续发展理念，应成为改变经济发展模式的主要方向。

8. 我们支持各国，包括能源生产国、消费国和过境国，在能源领域加强协调与合作，以降低不确定性，确保能源稳定性与可持续性。我们支持能源资源供给的多元化，包括可再生能源，支持能源过境通道的安全，支持加强新能源的投资和基础设施。

9. 我们支持在能效领域开展国际合作。我们愿根据“共同但有区别责任”原则，就应对气候变化开展建设性对话，并将有关措施与落实各国经济社会发展目标的任务相结合。

10. 我们重申四国愿在关键的社会领域加强合作，增加国际人道主义援助，降低灾害风险。我们注意到今天发表的全球粮食安全声明，这是四国通过多边努力为实现上述目标做出的重要贡献。

11. 我们重申愿加强科技和教育合作，参与基础研究和研发高技术。

12. 我们强调并支持，在国际法治、平等合作、互相尊重、由各国协调行动和集体决策的基础上，建立一个更加民主和公正的多极世界。我们重申支持通过政治和外交手段和平解决国际争端。

13. 我们强烈谴责任何形式的恐怖主义，无论何人、何地，均无任何理由采取恐怖行动。我们注意到联合国大会仍在讨论《全面反恐条约》草案，呼吁尽快通过。

14. 我们致力于推动多边外交，支持联合国在应对全球性威胁和挑战方面发挥中心作用。为此，我们重申，需要对联合国进行全面改革，使其更具效率，更有效地应对当今全球性挑战。我们重申，重视印度和巴西在国际事务中的地位，理解并支持他们希望在联合国发挥更大作用的愿望。

15. 我们将以循序渐进、积极务实、开放透明的方式推动四国对话与合作。“金砖四国”对话与合作不仅符合新兴市场国家和发展中国家的共同利益，而且有利于建设一个持久和平、共同繁荣的和谐世界。

16. 俄罗斯、印度、中国欢迎巴西愿于2010年承办下一次“金砖四国”领导人会晤。

金砖国家领导人第二次会晤联合声明

2010年4月15日，巴西巴西利亚

我们，巴西联邦共和国、俄罗斯联邦、印度共和国和中华人民共和国领导人于2010年4月15日在巴西利亚举行会晤，讨论国际社会关注的主要问题，商定推动“金砖四国”合作与协调的具体举措。

我们达成以下共识：

共同愿景与全球治理

1. 我们一致认为，世界正经历重大的飞速变化，凸显在全球治理各领域作出相应转变的必要性。

2. 我们强调并支持，依据国际法并在平等合作、互相尊重、彼此协调和集体决策的基础上，进一步推动国际秩序朝多极、平等、民主的方向发展。

3. 我们强调，二十国集团在应对国际金融危机中采取了前所未有的协调行动，发挥了核心作用。我们欢迎二十国集团被确定为国际经济协调与合作的主要平台。同以往机制相比，二十国集团成员更广泛，更具包容性、多样性、代表性和有效性。我们呼吁所有成员国积极落实二十国集团领导人前三次峰会所达成的成果和共识。

我们主张，二十国集团有必要在后危机时期发挥积极作用并制定协调战略。我们四国愿为此做出共同努力。

4. 我们致力于推动多边外交，支持联合国在应对全球性挑战和威胁方面发挥中心作用。为此，我们重申，需要对联合国进行全面改革，使其更具效力、效率和代表性，更有效地应对当今全球性挑战。我们重申，重视印度和巴西在国际事务中的地位，理解并支持他们在联合国发挥更大作用的愿望。

5. 我们相信，深化和拓展四国对话与合作不仅符合新兴市场和发展中国家的共同利益，而且有利于建设一个持久和平、共同繁荣的和谐世界。我们将采取循序渐进、积极务实、开放透明的方式推动四国对话与合作。

国际经济金融事务

6. 自 2009 年 6 月叶卡捷琳堡首次会晤以来，世界经济形势已回升向好。我们欢迎世界经济恢复增长，新兴经济体为此发挥了十分重要的作用。但是，我们认识到世界经济复苏的基础并不稳固，还存在诸多不确定因素。我们呼吁各国在宏观经济领域加强合作，巩固世界经济企稳复苏势头，实现强劲、可持续和平衡增长。我们重申，四国决心保持本国经济复苏并为促进全球发展做出积极努力。

7. 我们强调，保持主要储备货币汇率相对稳定和财政政策可持续性对实现强劲的长期平衡增长十分重要。

8. 我们相信，新兴市场和发展中国家作为世界经济繁荣的引擎，有潜力为促进世界经济增长和繁荣发挥更大、更积极的作用。同时，我们将致力于同其他国家一道，减小全球经济发展的不平衡，增进社会包容性。

9. 由于“金砖四国”的重要贡献，二十国集团成员向国际货币基金组织大幅增资。我们支持在“平等分担”原则基础上，向国际复兴开发银行、国际金融公司增加资本，以使多边开发银行向发展中经济体提供更强劲、更灵活、更迅捷、更以客户为导向的支持。

10. 尽管前景良好，我们依然任重道远。我们认为，世界需要一个经过改革、更稳健的金融体系，使全球经济能有效地预防和抵御未来危机的冲击。我们认为，有必要建立一个更加稳定、更可预见、更多元化的国际货币体系。

11. 我们将努力尽快实现布雷顿森林机构改革，此项改革早该进行。国际货币基金组织和世界银行应尽快解决其合法性不足的问题。治理结构改革的首要目标是向新兴市场和发展中国家实质性转移投票权，使其在世界经济中的决策权与分量相匹配。我们呼吁世行于今年春季会议兑现投票权改革方面的承诺，期待国际货币基金组织份额改革于今年11月二十国集团峰会前完成。我们同意，基金组织和世行高管职位的遴选应本着公开、择优的原则，无须考虑人选国籍。上述机构的职员组成需更好反映其成员的多样性。需特别注意增加发展中国家的参与度。国际社会必须推动上述改革产生我们预期的结果，否则有关国际机构将面临出局的风险。

12. 为促进国际经济形势稳定，我们要求四国财长和央行行长对有关区域货币机制进行研究，并讨论四国可就此开展的合作方式。为便利四国贸易与投资，我们将研究货币合作的可行性，包括四国本币贸易结算等。

13. 近期发生的情况打破了金融市场自我监管的神话。我们迫切需要在监管金融市场各个部分、机制和工具方面加深和加强合作。我们承诺加强国内监管，推动国际金融监管体系改革，并同包括金融稳定论坛在内的国际标准制定机构开展密切合作。

国际贸易

14. 我们强调，世界贸易组织作为多边贸易体制在维护开放、稳定、公平、非歧视性的国际贸易环境方面所发挥的重要作用。为此，我们承诺并敦促各国抵制各种形式的贸易保护主义，打击隐形贸易限制。我们赞同，在尊重授权、锁定包括谈判模式在内已有成果的基础上推动多哈回合早日取得全面、均衡的结果，实现“发展回合”目标。我们注意到并全力支持俄罗斯申请加入世贸组织。

发展

15. 我们重申联合国《千年宣言》及落实千年发展目标的重要性。我们强调应重点防止经济金融危机对穷国实现千年发展目标造成潜在影响。我们应做出持续努力，推动在2015年前实现千年发展目标，包括向穷国提供技术合作和紧急支持，帮助其落实发展政策、提供社会保障。我们期待2010年9月举行的联合国千年发展目标高级别会议为推动实现该目标提出政策建议。我们强调，应充分尊重发展中国家的可持续发展模式，确保发展中国家享有必要的政策空间。

16. 最贫困国家遭受经济金融危机的冲击最为严重。对发展中国家的援助承诺，特别是涉及千年发展目标的承诺必须兑现，同时不应削减发展援助。推动世界经济实现包容性增长不仅事关各国团结，而且对维护全球政治和经济稳定也具有战略意义。

农业

17. 我们对在莫斯科召开的四国农业部长会议表示满意。会议讨论了推进四国在农业领域，特别是家庭农场方面的合作方式。我们相信这将有助于促进全球粮食生产和粮食安全。我们欢迎会议决定设立四国农业信息库系统，制定确保脆弱群体粮食供给的战略，减少气候变化对粮食安全的负面影响，以及加强农技合作和创新。

消除贫困

18. 我们呼吁国际社会采取一切必要措施，充分考虑发展中国家，尤其是最不发达国家、小岛屿发展中国家和非洲国家的特殊需要，消除贫困，增进社会包容，化解不平等。我们必须加强这些国家政府的技术和财政能力建设，广泛地促进社会发展和社会保障，确保充分就业和体面劳动，特别关注弱势群体，包括穷人、妇女、青年、移民及残疾人在内的人。

能源

19. 我们认识到，能源是提高人民生活水平的重要资源，获得能源对于促进经济增长、确保社会平等和包容性至关重要。我们将发展更清洁、更实惠和可持续的能源体系，增强能源的可及性，在各领域推广节能技术和实践。我们将通过适当提升可再生能源比重，促进能源结构多样化，鼓励使用更清洁、更有效的化石能源及其他能源。因此，我们重申支持在提高能效方面加强国际合作。

20. 我们认识到新型、环境友好型技术在促进能源结构多样化及创造就业方面具有巨大潜力。因此，我们将适当鼓励可持续地开发、生产和使用生物燃料。我们将结合各国政策重点，通过国际合作分享包括生物燃料在内的可再生能源技术和政策方面的有关经验，共同促进生物可再生能源的使用。

21. 我们认为“金砖四国”可就能源领域的培训、研发、咨询、技术转让等开展合作。

气候变化

22. 我们认识到，气候变化是一个严重威胁，亟须全球携手应对。我们致力于参与在墨西哥举行的《联合国气候变化框架公约》第十六次缔约方大会及《京都议定书》第六次缔约方大会，促成各方达成加强《公约》和《议定书》实施的全面、平衡和有约束力的成果。我们认为，《公约》和《议定书》为气候变化国际谈判提供了主要框架。应确保谈判进程更加透明，所有缔约方应广泛参与，谈判结果应有助于公平、有效应对气候变化带来的挑战，同时体现《公约》原则，尤其是公平和“共同但有区别的责任”原则。

恐怖主义

23. 我们谴责一切形式的恐怖主义。我们注意到，打击国际恐怖主义必须遵守《联合国宪章》、现行国际公约及其议定书、联大和安理会有关反恐决议。预防与打击恐怖主义及遏制恐怖融资同等重要。我们敦促联合国大会尽快缔结《关于国际恐怖主义的全面公约》，呼吁所有成员国批准。

24. 对俄罗斯和印度政府和人民近期遭受野蛮恐怖袭击，巴西和中国深表同情和慰问。任何理由都不能成为恐怖主义的借口。

不同文明联盟

25. 我们强调鼓励不同文明、文化、宗教和人群对话的重要性。为此，我们支持“不同文明联盟”，这一联合国倡议旨在促进各国的沟通、了解和理解。我们赞赏巴西决定于 2010 年 5 月在里约热内卢承办第三届全球论坛，愿派适当高级别代表参会。

海地

26. 我们重申坚定支持海地人民。自 1 月 12 日发生地震灾害以来，海地人民一直与恶劣环境做斗争。我们重申将同国际社会一道，在海地政府指导下，并根据《海地国家恢复和发展行动计划》设定的优先任务，致力于帮助海地人民重建家园。

合作

27. 我们欢迎旨在加强四国专业领域合作的下列倡议：

a. 农业部长首次会议

b. 财长和央行行长会议

c. 安全事务高级代表会议

d. 根据2009年签署的《"金砖四国"最高法院合作意向书》，于2010年3月举行第一届"金砖四国"地方法官交流项目。

e. 发展银行首次会议

f. 国家统计局长首次会议

g. 国际竞争力大会

h. 首次合作社会议

i. 首次商业论坛

j. 智库研讨会

28. 我们也支持其他加深彼此合作意愿的具体行动：

a. 四国统计部门将于今天发布的联合研究报告；

b. 四国将研究编纂"金砖四国"大百科全书的可行性。

29. 我们重申愿加强四国在科技、文化、体育领域的合作。

30. 我们相信，2010年上海世博会、2010年新德里英联邦运动会、2013年喀山世界学生运动会、2014年索契冬季奥运会和残奥会、2014年巴西世界杯足球赛、2016年里约热内卢夏季奥运会和残奥会，都将取得成功。

31. 我们重申将加强减灾领域的合作与援助。对巴西里约热内卢州泥石流和中国青海玉树县地震死难者，俄罗斯、印度向巴西和中国政府与人民深表哀悼和同情。

"金砖四国"领导人第三次正式会晤

32. 巴西、俄罗斯和印度感谢中国于2011年承办"金砖四国"领导人第三次正式会晤。

33. 俄罗斯、印度和中国对巴西政府和人民承办 "金砖四国"领导人第二次正式会晤深表谢意。

金砖国家领导人第三次会晤《三亚宣言》

2011年4月14日，中国海南三亚

1. 我们，中华人民共和国、巴西联邦共和国、俄罗斯联邦、印度共和国和南非共和国的国家元首和政府首脑，于2011年4月14日在中国海南省三亚市举行金砖国家领导人第三次会晤。

2. 中国、巴西、俄罗斯、印度的国家元首和政府首脑欢迎南非加入金砖国家，期待与南非在这一论坛内加强对话和合作。

3. 致力于和平、安全、发展、合作的宏伟目标和强烈的共同意愿使我们拥有近30亿人口的5个国家从不同的大洲走到一起。金砖国家着眼于为人类社会发展以及建设一个更加平等和公正的世界做出重要贡献。

4. 21世纪应当成为和平、和谐、合作和科学发展的世纪。我们以“展望未来、共享繁荣”为主题，就加强金砖国家之间的合作及共同关心的国际和地区问题进行了坦诚深入的讨论，达成广泛共识。

5. 我们坚信，金砖国家和其他新兴国家在维护世界和平、安全和稳定、推动全球经济增长、加强多边主义、促进国际关系民主化方面发挥了重要作用。

6. 金砖国家是各成员国在经济金融发展领域开展对话与合作的重要平台。我们决心继续加强金砖国家共同发展的伙伴关系，本着开放、团结、互助的基本原则，以循序渐进、积极务实的方式推进金砖国家合作。我们重申这种合作是包容的、非对抗性的。我们愿加强同其他国家，特别是新兴国家和发展中国家，以及有关国际、区域性组织的联系与合作。

7. 我们一致认为，当今世界多极化、经济全球化深入发展，各国相互依存加深，世界正经历深刻、复杂而巨大的变化。面对不断变化的全球环境以及各种全球性威胁和挑战，国际社会应同舟共济、加强合作、共同发展。各国应依据公认的国际法准则，在相互尊重、集体决策的基础上，加强全球经济治理，推动国际关系民主化，提高新兴国家和发展中国家在国际事务中的发言权。

8. 我们致力于推动多边外交，支持联合国在应对全球性挑战与威胁方面发挥中心作用。为此，我们重申，需要对联合国包括安理会进行全面改革，使其更有效、更有代表性，以更成功地应对当今全球性挑战。中国、俄罗斯重申重视印度、巴西和南非在国际事务中的地位，理解并支持其希在联合国发挥更大作用的愿望。

9. 我们强调，金砖国家5个成员国在2011年同时担任安理会成员，有利于就和平与安全问题紧密合作，加强多边主义，促进就安理会审议的有关事项进行协调。我们对当前西亚北非以及西非地区局势动荡深为关切，衷心希望相关国家和平、稳定、繁荣、进步，根据其人民的合法愿望在世界上享有应有的地位和尊严。我们都赞同避免使用武力的原则。我们主张，应尊重每一个国家的独立、主权、统一和领土完整。

10. 我们愿在安理会就利比亚问题加强合作。我们认为，各方应通过和平手段和对话解决分歧，联合国和地区组织应发挥应有作用。我们支持非盟关于利比亚问题的专门委员会提出的倡议。

11. 我们重申强烈谴责一切形式的恐怖主义，强调任何理由都不能为恐怖行为辩解。我们相信，联合国应依据《联合国宪章》和国际法的原则和准则，在协调全球反恐行动方面发挥中心作用。我们敦促联合国大会尽快完成《关于国际恐怖主义的全面公约》的谈判，呼吁所有成员国批准该公约。我们决心强化合作，应对这一全球威胁。我们承诺合作加强国际信息安全，并对打击网络犯罪予以特别关注。

12. 我们注意到，世界经济逐渐从金融危机中复苏，但仍面临一些不确定因素。主要经济体应继续加强宏观经济政策协调，努力推动世界经济强劲、可持续、平衡增长。

13. 我们致力于不断加强经济金融和贸易领域合作，确保金砖国家经济继续保持强劲增长势头，为世界经济长期稳定健康发展做出贡献。

14. 我们支持二十国集团作为国际经济合作主要论坛，在全球经济治理中发挥更大作用。期待 2011 年举行的二十国集团戛纳峰会在经济、金融、贸易、发展等领域取得新的积极成果，支持二十国集团成员稳定国际金融市场，实现强劲、可持续、平衡增长，支持全球经济增长和发展。俄罗斯提出主办二十国集团 2013 年峰会，巴西、印度、中国和南非对俄方提议表示欢迎和赞赏。

15. 我们呼吁各方积极落实二十国集团峰会确定的国际货币基金组织改革目标，重申国际经济金融机构治理结构应该反映世界经济格局的变化，增加新兴经济体和发展中国家的发言权和代表性。

16. 我们认识到，国际金融危机暴露了现行国际货币和金融体系的缺陷和不足，支持改革和完善国际货币体系，建立稳定、可靠、基础广泛的国际储备货币体系。我们欢迎当前就特别提款权在现行国际货币体系中的作用进行讨论，包括特别提款权一篮子货币的组成问题。我们呼吁更多关注当前新兴经济体面临的跨境资本大进大出风险。我们呼吁加强国际金融监管和改革，加强各国政策协调与监管合作，促进全球金融市场和银行体系的稳健发展。

17. 粮食、能源等大宗商品价格高位波动成为当前世界经济复苏面临的新风险。我们支持国际社会加强合作，通过减少市场扭曲确保实体市场稳定和强劲发展，同时进一步监管大宗商品金融市场。国际社会应共同致力于增加产能，加强生产国和消费国对话，稳定供需关系，加强对发展中国家的资金和技术支持。国际社会要相应加强对大宗商品金融衍生品市场监管，防止出现扰乱市场的行为。我们应解决国际、地区和国家层面缺乏可靠、及时的供求信息的问题。金砖国家愿就粮食安全问题开展更紧密合作。

18. 我们支持可再生能源的开发和利用。我们认识到可再生能源在应对气候变化方面的重要作用。我们相信，在开发可再生能源领域加强合作和信息交流是重要的。

19. 核能将继续在金砖国家未来的能源组成中占据重要位置。核电站的设计、建设及运行的安全标准和要求应得到严格遵守。各国应在此条件下就发展以和平为目的的安全核能开展国际合作。

20. 促进发展中国家经济可持续增长是世界面临的主要挑战之一。我们认为增长和发展对消除贫困、实现千年发展目标至关重要。消除赤贫和饥饿是全人类在道义、社会、政治和经济方面面临的一项紧迫任务，是当今世界尤其是非洲和其他地区的最不发达国家面临的最严峻的全球性挑战之一。

21. 我们呼吁国际社会积极落实2010年9月联合国千年发展目标高级别会议通过的成果文件，争取于2015年如期实现千年发展目标。

22. 气候变化是威胁公众和各国生计的全球性挑战之一。中国、巴西、俄罗斯、印度赞赏和支持南非主办《联合国气候变化框架公约》第十七次缔约方大会暨《京都议定书》第七次缔约方会议。我们支持“坎昆协议”，愿与国际社会共同努力，推动德班会议按照“巴厘路线图”授权，根据公平和“共同但有区别的责任”原则，就加强《联合国气候变化框架公约》及其《京都议定书》实施达成全面、平衡和有约束力的成果。金砖国家将就德班会议加强合作。我们将在本国经济和社会适应气候变化方面加强务实合作。

23. 实施《里约宣言》《21世纪议程》《约堡实施计划》及多边环境条约中所强调的可持续发展理念应成为促进经济增长的一个重要手段。中国、俄罗斯、印度、南非赞赏巴西2012年承办联合国可持续发展大会，期待与巴西共同努力，推动会议在可持续发展框架下就经济增长、社会发展、环境保护三个领域达成新的政治承诺，并取得积极务实成果。巴西、俄罗斯、中国和南非赞赏并支持印度承办《生物多样性公约》第十一次缔约方大会。巴西、中国和南非也赞赏并支持印度于2012年10月举行《卡塔赫纳生物安全议定书》第六次缔约方会议。

24. 我们坚定承诺在社会保护、体面工作、性别平等、青年、公共卫生包括艾滋病防治等领域加强对话与合作。

25. 我们支持非洲国家在“非洲发展新伙伴计划”框架下基础设施建设和工业化进程。

26. 我们一致赞同继续推进和扩大金砖国家间经贸投资合作，鼓励各国避免采取保护主义措施。我们欢迎 2011 年 4 月 13 日在三亚召开的金砖国家贸易部长会议所达成的成果。巴西、中国、印度、南非承诺并呼吁世界贸易组织其他成员支持以世界贸易组织为代表的强大、开放、以规则为基础的多边贸易体系，支持以多哈回合谈判现有进展为基础并根据其发展授权，推动谈判早日取得成功、全面、均衡的结果。巴西、印度、中国、南非全力支持俄罗斯早日加入世界贸易组织。

27. 我们审议了金砖国家在各领域的合作进展，认为这些合作是卓有成效的，金砖国家具备开展更紧密合作的基础和条件。我们致力于巩固金砖国家的合作，并将进一步形成其自身议程。我们决心把加强合作的政治意愿转化为实实在在的行动，并为此核准“行动计划”，作为下一步开展各领域合作的基础。我们将在下次会晤上审议该计划的落实情况。

28. 我们愿在科技和创新领域探索合作的可能性，包括和平利用太空。我们祝贺俄罗斯政府和人民庆祝尤里·加加林进入太空 50 周年，此举开启了科技发展的一个新时代。

29. 我们相信，2011 年深圳世界大学生运动会、2013 年喀山世界大学生运动会、2014 年南京青年奥林匹克运动会、2014 年索契冬季奥运会和残奥会、2014 年巴西世界杯足球赛、2016 年里约热内卢夏季奥运会和残奥会、2018 年俄罗斯世界杯足球赛，都将取得成功。

30. 我们对日本遭受灾害并造成重大人员伤亡向日本人民致以诚挚慰问。我们将继续对日本克服灾害后果切实给予支持。

31.巴西、俄罗斯、印度、南非领导人感谢中国政府举办金砖国家领导人第三次会晤，感谢海南省和三亚市政府和人民对会晤的支持。

32. 巴西、俄罗斯、中国、南非感谢并全力支持印度主办 2012 年金砖国家领导人会晤。

行动计划

为加强金砖国家合作，造福各成员国人民，我们制定下述行动计划，作为金砖国家合作的重要基础。

行动计划一：巩固已开展的合作项目

1. 2011年下半年在中国举行安全事务高级代表第三次会议；

2. 在第66届联合国大会期间举行外长会晤；

3. 适时举行金砖国家事务协调人或副协调人会议；

4. 不定期举行常驻纽约、日内瓦国际组织代表非正式会议；

5. 在二十国集团框架下以及在世界银行/国际货币基金组织年会期间举行财长和央行行长会议；

6. 2011年在中国举办农业合作专家工作组会议、第二届农业部长会议，并在建立金砖国家农业信息系统及举办食品安全研讨会等方面合作；

7. 2011年9月在中国举行国家统计局局长会议；

8. 2011年9月在中国举行第二届国际竞争大会并探讨签署各成员国反垄断机构合作协议的可能性；

9. 继续举办智库研讨会，并考虑建立金砖国家成员国研究中心网络；

10. 在下次领导人会晤前再次举行工商论坛；

11. 加强金砖国家发展银行间金融合作；

12. 落实《金砖国家司法合作议定书》；

13. 发布联合统计手册；

14. 继续举行合作社论坛会议。

行动计划二：开拓新合作项目

1. 2011年在中国举行首届“金砖国家友好城市暨地方政府合作论坛”；

2. 2011在中国举行卫生部长会议；

3. 联合开展经贸研究；

4. 适时更新《金砖国家国情书目》。

行动计划三：新建议

1. 根据领导人共识在文化领域开展合作；

2. 鼓励在体育领域开展合作；

3. 探讨在绿色经济领域合作的可行性；

4. 召开高官会议，探讨促进金砖国家科技、创新领域合作的方式，包括建立制药业合作工作组等；

5. 在联合国教科文组织建立“金砖国家—联合国教科文组织工作组”，在该组织授权范围内研拟共同战略。

金砖国家领导人第四次会晤《德里宣言》

2012 年 3 月 29 日，印度新德里

1. 我们，巴西联邦共和国、俄罗斯联邦、印度共和国、中华人民共和国和南非共和国领导人于 2012 年 3 月 29 日在印度新德里共同举行了金砖国家领导人第四次会晤。我们在热烈友好的气氛中，本着以开放、团结、互谅互信为基础、加强金砖国家共同发展的伙伴关系的共同愿望，围绕“金砖国家致力于全球稳定、安全和繁荣的伙伴关系”的会议主题进行了讨论。

2. 我们的会晤在当前全球和地区形势均面临重大发展和变化的背景下举行。欧元区形势使世界经济脆弱复苏的前景更加复杂。随着 2012 年下半年分别在巴西举行联合国可持续发展大会（里约+20）和在印度举行《生物多样性公约》缔约方大会，可持续发展和气候变化问题显得更加重要。二十国集团峰会即将在墨西哥举行，近期在日内瓦举行了世界贸易组织第八次部长级会议。我们日益关注中东和北非不断发展的政治局势。我们今天的讨论反映了我们愿继续与国际社会合作，以负责任和建设性方式应对上述挑战，维护全球福祉和稳定。

3. 金砖国家占世界人口的 43%，金砖国家合作是在多极化、相互依存、日益复杂和全球化的世界中为促进和平、安全与发展开展对话与合作的平台。我们来自亚洲、非洲、欧洲和拉丁美洲，跨大洲的互动性质使我们的合作更具价值和意义。

4. 我们展望一个世界和平、经济发展、社会进步、科技兴盛的未来。我们愿与各方共同努力，同发达和发展中国家一道，在公认的国际法准则和多边决策基础上，共同迎接当今世界的机遇和挑战。在全球治理机构中提高新兴和发展中国家代表性，将增强有关机构实现上述目标的效率。

5. 我们关注当前全球经济形势。金砖国家虽然从全球危机中相对快速复苏，但受市场特别是欧元区的不稳定性影响，世界经济增长前景再次变得不明朗。发达国家主权债务问题累积，以及各方对发达国家中长期财政调整的担心，使全球经济增长面临不确定性。上述国家的中央银行为稳定国内经济而采取扩张性政策措施，导致流动性过剩，给新兴市场经济体带来溢出效应，导致资本流动和商品价格过度波动。当前的紧迫问题是重振市场信心并使全

球经济增长重回正轨。我们愿同国际社会共同努力，加强国际政策协调，以实现宏观经济稳定，促进全球经济健康复苏。

6. 我们认为发达国家应采取负责任的宏观经济和金融政策，避免创造过度的全球流动性，同时进行结构改革以促进增长、增加就业。我们关注新兴市场经济体面临的大规模跨境资本流动波动带来的风险。我们呼吁进一步加强国际金融监管和改革，加强政策协调和金融监管合作，促进全球金融市场和银行体系的健康发展。

7. 在此背景下，我们认为二十国集团作为国际经济合作的主要论坛，当前主要任务是推动加强宏观经济政策协调，通过完善全球货币金融架构，促进全球经济复苏，维护金融稳定。我们讨论了将在墨西哥举行的下届二十国集团领导人峰会，承诺将同主席国及其他二十国集团成员和国际社会共同努力，推动峰会取得同各国政策框架一致的积极成果，确保世界经济强劲、可持续和平衡增长。

8. 我们认识到全球金融架构对维护全球货币金融体系稳定性和完整性具有重要意义。为此，我们呼吁建立更具代表性的国际金融架构，提高发展中国家的发言权和代表性，同时建立并完善一个符合各国利益、支持新兴市场和发展中经济体发展、公正的国际货币体系。这些经济体实现了基础广泛的增长，已成为全球复苏的重要推动力量。

9. 我们对国际货币基金组织份额和治理结构改革进展缓慢表示关切。我们认为迫切需要在 2012 年国际货币基金组织/世界银行年会前如期落实 2010 年治理和份额改革方案，在 2013 年 1 月前全面审查份额公式，以更好地体现经济权重，提高新兴市场和发展中国家的发言权和代表性，并于 2014 年 1 月前完成下一轮份额总检查。这一动态改革进程有助于确保国际货币基金组织的合法性和有效性。我们强调只有所有成员真正承诺切实落实 2010 年改革方案，目前增加国际货币基金组织借贷能力的工作才可能取得成功。我们将同国际社会共同努力，保障国际货币基金组织在完善治理和合法性的同时能够及时动员充足资源。我们重申支持采取措施保护国际货币基金组织最贫穷成员国的发言权和代表性。

10. 我们注意到国际货币基金组织提出关于监督的新整合决定，并将在其春季会议前予以讨论，呼吁国际货币基金组织的监督架构更为完整和公平。

11. 在当前全球经济环境下，我们认识到迫切需要加强对新兴和发展中国家的发展融资。为此，我们呼吁世界银行更加重视资金动员和满足发展融资需要，同时减少贷款成本，采取创新的贷款工具。

12. 我们欢迎发展中国家提名候选人竞选世界银行行长。我们重申国际货币基金组织和世界银行的负责人应通过公开、择优的程序遴选。同时，新的世界银行领导层必须承诺将世界银行转变为真正反映所有成员观点的多边机构，包括其治理结构应体现当前经济和政治现实。世界银行的性质必须从主要协调北南合作转变为加强同所有国家的平等伙伴关系，以解决发展问题，并不再使用过时的“捐助国—受援国”分类。

13. 我们探讨了建立一个新的开发银行的可能性，以为金砖国家和其他发展中国家基础设施和可持续发展项目筹集资金，并作为对现有多边和区域金融机构促进全球增长和发展的补充。我们指示财长们审查该倡议的可能性和可行性，成立联合工作组进一步研究，并于下次领导人会晤前向我们报告。

14. 巴西、印度、中国和南非期待俄罗斯于 2013 年担任二十国集团主席国，将为峰会取得成功开展合作。

15. 巴西、印度、中国和南非祝贺俄罗斯联邦加入世界贸易组织。这使世界贸易组织更具代表性，并强化了基于规则的多边贸易体系。我们承诺共同维护这一体系，并敦促其他国家共同抵制各种形式的贸易保护主义和变相的贸易限制措施。

16. 我们将继续在维护授权、锁定已有成果的基础上推动完成多哈回合谈判。为实现这一目标，我们将坚持以发展为核心并在寻求一揽子方案的框架下，在特定领域探索可能的成果。我们不支持违反透明、包容和多边等基本原则的诸边倡议。我们认为这些倡议不仅干扰了各成员共谋成果的努力，也没有解决以往谈判回合遗留的发展赤字问题。在完成批准程序后，俄罗斯将以积极和建设性方式参与多哈回合谈判，推动多哈回合取得平衡成果，加强和发展多边贸易体系。

17. 考虑到联合国贸易和发展会议是联合国系统处理贸易和发展问题的核心机构，我们愿推动其提高凝聚共识、技术合作、经济发展和贸易研究等传统业务能力。我们重申愿积极推动 2012 年 4 月举行的贸易和发展会议第十三届大会取得成功。

18. 我们同意通过协同努力，携手加强彼此贸易和投资，推进我们各自的工业发展和就业目标。我们欢迎 2012 年 3 月 28 日在印度新德里举行的第二次金砖国家经贸部长会议达成的成果。我们支持加强贸易部长间的定期磋商，并考虑采取相应措施，进一步加强彼此经贸关系。我们对金砖国家开发银行间完成《金砖国家银行合作机制多边本币授信总协议》和《多边信用证保兑服务协议》表示欢迎，我们相信这些协议未来有助于推动金砖国家成员间贸易。

19. 我们认识到中东和北非地区的稳定、和平与安全对于我们、整个国际社会尤其是受动乱爆发地区影响的国家及其国民都至关重要。我们希望看到这些国家作为国际社会受尊敬的成员，早日恢复和平、稳定与繁荣。

20. 我们同意中东和北非地区正在经历的转型不应成为迟滞解决长期冲突的借口，而应成为解决这些问题尤其是阿拉伯—以色列冲突的动力。该问题及其他长期存在的地区问题的解决将从整体上改善中东和北非地区局势。为此，我们致力于在普遍认可的国际法律框架下，包括相关的联合国决议、马德里原则、阿拉伯和平倡议等，实现阿以冲突的全面、公正、持久解决。我们鼓励中东问题四方机制加强努力，呼吁联合国安理会加大介入，寻求巴以冲突的解决办法。我们强调有关方面直接对话达成最终解决方案的重要性。我们呼吁巴勒斯坦人民和以色列人民采取建设性措施重建互信，为恢复和谈创造适宜条件，避免单边行动，尤其是在巴勒斯坦被占领土上建立定居点。

21. 我们对叙利亚当前局势深感忧虑，呼吁立即停止一切暴力和侵犯人权的行为。通过和平方式解决危机，鼓励反映叙利亚社会各界合法愿望、尊重叙独立、领土完整和主权的广泛国内对话，最符合国际社会利益。我们的目标是支持由叙利亚主导的包容性政治进程，我们欢迎联合国和阿盟为此付出的共同努力。我们鼓励叙利亚政府以及叙社会各界展示政治意愿推动这一进程，这本身将创造有利于和平的新环境。我们欢迎任命科菲·安南为叙利亚危机联合特使及迄今取得的有关进展，支持其继续在推动政治解决危机方面发挥建设性作用。

22. 伊朗问题不能升级为冲突，否则有关灾难性后果不符合各方利益。该地区具有高度政治和经济关联性，伊朗在维护本地区和平发展与繁荣方面有着至关重要的作用，我们期待伊朗作为国际社会负责任的成员发挥其作用。我们对围绕伊朗核问题有关事态发展感到担忧。我们承认伊朗根据国际义务和平利用核能的权利，支持根据联合国安理会有关决议，通过政治、外交和有关各方开展对话的手段解决问题，包括国际原子能机构和伊朗之间的对话。

23. 阿富汗不仅需要时间，还需要发展援助和合作、进入世界市场的优惠条件、外国投资和目标清晰的国家战略，以实现持久和平和稳定。我们支持国际社会在 2011 年 12 月波恩国际会议上对阿富汗所做的承诺，愿在 2015

至 2024 年转型期内与阿保持接触。我们重申支持阿富汗成为一个和平、稳定、民主的国家，免受恐怖主义和极端主义困扰，强调有必要就实现阿富汗稳定包括打击恐怖主义开展更有效的国际和地区合作。

24. 我们支持在巴黎进程框架下就打击源于阿富汗的毒品走私的努力。

25. 我们重申任何形式和表现的恐怖主义行为都没有正当理由。我们强调决心在打击恐怖主义威胁方面加强合作，认为联合国应在协调国际反恐行动方面发挥中心作用。上述行动应在《联合国宪章》框架内开展并遵循国际法的原则和准则。我们强调联合国大会有必要尽快完成制订《关于国际恐怖主义的全面公约》草案，呼吁所有成员国批准该公约，为应对恐怖主义这一全球威胁提供全面的法律框架。

26. 我们致力于推动多边外交，支持联合国在应对全球性挑战与威胁方面发挥中心作用。为此，我们重申需要对联合国包括安理会进行全面改革，使其更具效力、效率和代表性，以更成功地应对当今全球挑战。中国、俄罗斯重申重视巴西、印度和南非在国际事务中的地位，支持其希在联合国发挥更大作用的愿望。

27. 我们回顾了 2011 年在安理会的密切协调，强调我们致力于在联合国共同努力，继续就事关全球和平与安全的问题进行合作并加强多边解决方式。

28. 促进增长和可持续发展、解决粮食和能源安全问题是当前国际社会面临的重大挑战之一，对许多发展中国家经济发展、消除贫困、应对饥饿和营养不良至关重要。创造有利于提高人民生活水平的就业十分重要。可持续发展同时也是全球复苏和未来增长中的关键因素。我们应为后代负起责任。

29. 我们祝贺南非 2011 年 12 月成功主办《联合国气候变化框架公约》第十七次缔约方大会暨《京都议定书》第七次缔约方会议。我们欢迎会议各项重要成果，愿根据公平、共同但有区别的责任及各自能力原则，同国际社会一道落实有关决定。

30. 我们承诺在应对气候变化的全球努力中做出自身贡献，通过可持续和包容性增长而非限制发展以应对气候变化。我们强调《联合国气候变化框架公约》发达国家缔约方应向发展中国家提供更多资金、技术及能力建设支持，帮助其准备并实施适合本国国情的减缓措施。

31. 我们相信联合国可持续发展大会（里约+20）是国际社会重申高级别政治承诺的重要契机，根据《里约环境和发展宣言》的原则，包括共同但有区别责任原则，《21 世纪议程》和《约翰内斯堡实施计划》，支持全面可持续发展框架，包括推动包容性经济增长和发展、社会进步和环境保护。

32. 我们认为可持续发展应成为环境领域和经济社会战略中的一种主要模式。我们认同联合国可持续发展大会的主题的相关性和重点，即可持续发展和消除贫困背景下的绿色经济，以及可持续发展制度框架。

33. 巴西将于 6 月主办这一重要会议。中国、俄罗斯、印度和南非期待同巴西合作，推动会议成功并取得务实成果。巴西、俄罗斯、中国和南非承诺支持印度于 2012 年 10 月主办《生物多样性公约》第十一次缔约方大会，期待会议取得积极成果。我们将继续努力落实上述公约及其议定书，特别是《关于获取遗传资源和公正、公平分享其利用所产生惠益的名古屋议定书》、2011—2020 生物多样性战略计划及资源调动战略。

34. 我们强调，“绿色经济”概念仍需由里约+20 大会定义，并在可持续发展和消除贫困的大框架下予以理解。“绿色经济”本身并不是目的，而是实现这些重要优先目标的手段。各国政府应拥有灵活性和政策空间，根据各自发展阶段、国家战略、国情和政策重点，在诸多选项中确定自身的可持续发展途径。我们反对以发展绿色经济为由采取任何形式的贸易和投资壁垒。

35. 千年发展目标是发展议程的重要里程碑。为确保发展中国家 2015 年前就落实千年发展目标取得最大成果，我们必须保证这些国家的经济增长不受影响。任何经济放缓都将对世界经济产生严重后果。实现千年发展目标是保障包容、平等和可持续全球经济增长的基础，在 2015 年后仍需继续推动这些目标的实现，以及更多的资金支持。

36. 我们高度重视支持非洲发展与稳定的经济增长，而许多国家尚未充分实现其经济潜力。我们将继续共同支持这些国家加快经济多元化和现代化。这将通过基础设施发展、知识交流、加大技术获取、加强能力建设、人力资源投资来实现，包括非洲发展新伙伴计划框架。

37. 我们承诺致力于缓解仍影响非洲之角数百万人口人道主义危机，并支持国际社会有关努力。

38. 大宗商品价格特别是粮食、能源价格过度波动，给世界经济复苏带来了额外的风险。完善大宗商品衍生品市场监管，对于防范粮食和能源供应的不稳定至关重要。我们认为，增强能源生产能力和加强生产者—消费者对话是消除价格波动的重要手段。

39. 以化石燃料为主的能源在可预测的未来将在能源构成中占主导地位。我们将开发清洁和可再生能源，推广能效和替代技术，以满足各国经济发展和人民不断增加的需求，同时 回应对气候问题的担忧。为此，我们强调和平利用核能安全方面的国际合作必须严格遵守相关的安全标准，满足核电站设计、施工和运行等方面的要求。我们强调，在国际社会提高核安全标准的共同努力中，国际原子能机构应发挥重要作用，以加强核能安全标准，增强公众信心，使其认识到核能作为一种清洁、可负担、安全和可靠的能源，对于满足全球能源需求非常重要。

40. 我们注意到，金砖国家已做出实质性努力，在不少领域开展合作。我们相信，五国有丰富的知识、技术、能力和最佳实践可供分享，我们可以此为基础，开展有意义的合作造福于民。我们支持通过一份“行动计划”，作为明年的目标。

41. 我们欢迎 2011 年 10 月在中国成都举行的第二届金砖国家农业和农耕部长会议取得的有关成果。我们指示各位部长推动此项进程，重点挖掘金砖国家在增进全球粮食安全和营养合作方面的潜力，提高农业产量和生产率，提高市场透明度，减少大宗商品价格过度波动，从而提高人民生活质量，特别是在发展中国家。

42. 多数金砖国家面临一些相似的公共卫生挑战，包括卫生服务的普及、健康技术包括药物的获取、公共卫生开支不断增加，传染和非传染性疾病发病率不断上升等。首届金砖国家卫生部长会于 2011 年 7 月在北京召开，我们支持将该会议机制化，从而以最有效、公平和可持续的方式来应对这些共同挑战。

43. 我们注意到 2011 年 9 月在中国大连召开的科技高官会，特别是我们各国不断增强的研发和创新实力。我们鼓励在粮食、制药、卫生、能源等优先领域，以及在纳米技术、生物技术及先进材料科学等新兴跨学科领域的基础研究取得进展。我们还鼓励我们各国研究机构通过联合项目、研讨会以及青年科学家交流等渠道进行知识共享。

44. 包括我们在内的所有发展中国家面临快速城市化挑战，本质上是多元的，包含各类相互关联的问题。我们指示相关机构协调行动并学习最佳实践和技术，从而为社会做出有益改变。我们赞赏 2011 年 12 月在三亚举行的首届金砖国家友好城市暨地方政府合作论坛，并将通过举行城市化和城市基础建设论坛及第二届友好城市暨地方政府合作论坛推动该进程。

45. 我们对可再生能源、能效、节能环保型技术的需求日益增加。我们同意在知识、技能、技术和最佳实践等领域进行交流，以发挥我们在这些领域的互补优势。

46. 我们很高兴看到，在印度协调下，第一份“金砖国家经济研究报告”发表。该报告的重点关注我们经济中的协调和互补。我们欢迎金砖国家统计部门的合作成果，注意到今天发布了最新版《金砖国家联合统计手册》，这将为了解金砖国家提供有益参考。

47. 我们对第三届金砖国家工商论坛和第二届金砖国家金融论坛的召开感到满意，注意到上述论坛在促进金砖国家贸易关系中的作用。为此，我们欢迎金砖国家相关证券交易所成立金砖国家证券交易所联盟的联合倡议。

48. 我们鼓励金砖国家在青年、教育、文化、旅游和体育领域拓宽沟通渠道和人员交流。

49. 巴西、俄罗斯、中国与南非高度赞赏和真诚感谢印度政府和人民在新德里举办金砖国家第四次峰会。

50. 巴西、俄罗斯、印度与中国对南非提出主办2013年金砖国家领导人第五次峰会表示感谢，并愿予以全力支持。

德里行动计划

一、金砖国家外长在联大期间举行会晤。

二、金砖国家财长与央行行长在二十国集团会议和其他多边（世界银行/国际货币基金组织）会议期间举行会议。

三、根据需要，金融与财政部门在世界银行/国际货币基金组织会议期间或单独举行会议。

四、根据需要，金砖国家贸易部长在出席多边活动期间或单独举行会议。

五、举行第三届金砖国家农业部长会，并在会前召开农产品和粮食安全问题专家预备会议及第二届农业合作专家工作组会议。

六、举行金砖国家安全事务高级代表会议。

七、举行第二届金砖国家科技高官会议。

八、2012年在印度举办首届金砖国家城市化论坛及第二届金砖国家友好城市暨地方政府合作论坛。

九、举行第二届金砖国家卫生部长会议。

十、举行协调人及副协调人中期会议。

十一、举行经贸联络小组中期会议。

十二、2013年举行第三届金砖国家国际竞争大会。

十三、举行专家会议讨论建立一个新的开发银行问题。

十四、举行财政部门会议，研究落实“金砖国家经济研究报告”成果。

十五、根据需要，金砖国家常驻纽约、日内瓦和维也纳的联合国代表团举行磋商。

十六、如有必要，金砖国家高官在与环境和气候相关国际场合举行磋商会议。

十七、开拓新合作项目：

——金砖国家框架下开展多边能源合作

——对金砖国家合作及制定金砖国家长期战略问题开展一般性学术评估

——金砖国家青年政策对话

——在人口相关问题上开展合作

金砖国家领导人第五次会晤《德班宣言》

2013 年 2 月 27 日，南非德班

1. 我们，巴西联邦共和国、俄罗斯联邦、印度共和国、中华人民共和国和南非共和国领导人于 2013 年 3 月 27 日在南非德班举行金砖国家领导人第五次会晤。我们围绕“金砖国家与非洲：致力于发展、一体化和工业化的伙伴关系”的主题进行了讨论。本次会晤是金砖国家第一轮领导人会晤的收官之作。我们重申将致力于维护国际法、多边主义和联合国的中心地位。我们的讨论表明金砖国家的团结进一步加深，愿为全球和平、稳定、发展与合作做出积极贡献。我们还讨论了金砖国家在与各国和各国人民团结合作的基础上，在国际体系中发挥的作用。

2. 此次会晤举行之时，正需要我们探讨共同关心并具有系统重要性的问题，以解决共同关切，研拟长期解决之道。我们致力于逐步将金砖国家发展成为就全球经济和政治领域的诸多重大问题进行日常和长期协调的全方位机制。支撑现行全球治理架构的有关国际机构是在当年国际版图面临非常不同的挑战和机遇的情况下缔造的。由于全球经济正在重塑，我们致力于通过加强互补和各自经济力量，探索实现更公平发展、更具包容性增长的新模式和新方式。

3. 正如《三亚宣言》中提出的，我们对加强同其他国家，特别是新兴国家和发展中国家，以及相关国际、区域性组织的联系与合作持开放态度。我们将在本次会晤后举行同非洲国家领导人的对话会，主题为“释放非洲潜力：金砖国家和非洲在基础设施领域合作”。对话会将为金砖国家和非洲领导人讨论如何加强金砖国家和非洲大陆合作提供机会。

4. 我们认识到区域一体化对非洲可持续增长、发展和消除贫困的重要意义，重申支持非洲大陆一体化进程。

5. 在“非洲发展新伙伴计划”框架下，我们将通过鼓励外国直接投资、知识交流、能力建设以及与非洲贸易的多样化，支持非洲国家工业化进程。我们认识到非洲发展基础设施的重要性，认同非盟在确定和应对非洲大陆的基础设施挑战方面取得的进步。通过制订非洲基础设施发展规划、非盟“非洲发展新伙伴计划”非洲行动计划（2010—2015）、“非洲发展新伙伴计划”总统基础设施倡议及地区基础设施发展总体规划，非盟确定了对推动区域一体化和工业化至关重要的基础设施重点开发项目。我们将寻求在互惠基础上鼓励基础设施投资，以支持非洲的工业发展、就业、技能发展、食品和营养安全、消除贫困及可持续发展。为此，我们重申对非洲基础设施可持续发展的支持。

6. 我们注意到欧洲、美国和日本为减少世界经济尾部风险所采取的政策措施。其中的部分措施给世界其他经济体带来负面外溢效应。世界经济重大风险犹存，形势仍低于预期。在经济复苏的力度和持续性、主要经济体政策方向方面，不确定性依然很大。在一些重要国家，失业率居高不下，高企的私人和公共债务抑制了经济增长。在此情况下，我们重申关于支持增长和维护金融稳定的强烈承诺，并强调发达经济体需要采取适当措施以重建信心，促进增长并确保经济强劲复苏。

7. 发达经济体的央行采取非常规货币政策，增加了全球流动性。这可能符合其国内货币政策的授权，但主要央行应避免此举带来加剧资本、汇率和大宗商品价格波动等预料之外的后果，以免对其他经济体特别是发展中国家经济增长带来负面影响。

8. 我们欢迎俄罗斯作为 2013 年二十国集团主席国提出的核心目标，特别是为促进全球强劲、可持续、包容和平衡增长、增加就业而增加投资融资、确保公共债务可持续性的努力。我们也将继续突出二十国集团发展议程，将其作为全球经济稳定、长期可持续增长和增加就业的关键要素。

9. 由于长期融资和外国直接投资不足，尤其是资本市场投资不足，发展中国家面临基础设施建设的挑战。这限制了全球总需求。金砖国家合作推动更有效利用全球金融资源，可以为解决上述问题做出积极贡献。2012 年 3 月，我们指示财长们评估建立一个新的开发银行的可能性和可行性，为金砖国家、其他新兴市场和发展中国家的基础设施和可持续发展项目筹集资金，作为对全球增长和发展领域的现有多边和区域金融机构的补充。根据财长们的报告，我们满意地看到建立一个新的开发银行是可能和可行的。我们同意建立该银行，银行的初始资本应该是实质性的和充足的，以便有效开展基础设施融资。

10. 2012 年 6 月，我们在洛斯卡沃斯会晤时指示财长和央行行长探讨通过成立金砖国家应急储备安排来建设金融安全网。他们的结论是建立一个自我管理的应急储备安排具有积极预防效果，将帮助金砖国家应对短期流动性压力，提供相互支持，并进一步加强金融稳定。这也将作为一道增加的防线，为补充现有国际外汇储备安排、加强全球金融安全网做出贡献。我们认为在符合各自国内法律和具有适当安全保证的条件下，建立一个初始规模为 1000 亿美元的应急储备安排是可能和共同期待的。我们指示财长和央行行长继续朝着建立该安排的目标努力。

11. 我们对财长和央行行长就新的开发银行和应急储备安排所做的工作表示感谢，并指示他们继续谈判，并完成建立上述两机制的协议。我们将在 2013 年 9 月圣彼得堡会晤上审议两项倡议的进展。

12. 我们欢迎金砖国家进出口银行和开发银行达成《可持续发展合作和联合融资多边协议》，以及考虑到非洲大陆的快速增长及其导致的基础设施资金方面的巨大需求，达成《非洲基础设施联合融资多边协议》。

13. 我们呼吁改革国际金融机构，以使其更具代表性并反映金砖国家和其他发展中国家在世界经济中日益增长的权重。我们对国际货币基金组织改革进展缓慢表示关切。我们认为，迫切需要按照已有共识，落实国际货币基金组织 2010 年治理和份额改革方案。我们敦促所有成员采取一切必要手段，在 2014 年 1 月前完成下一轮份额总检查并就新的份额公式达成协议。国际货币基金组织改革应增强包括撒哈拉以南非洲在内的最贫困成员的发言权和代表性。应以开放的态度寻求能够达成这一目标的所有方式。我们支持改革和完善国际货币体系，建立稳定、可靠、基础广泛的国际储备货币体系。我们欢迎就特别提款权在现有国际货币体系中作用进行讨论，包括关于特别提款权一篮子货币组成问题。我们支持国际货币基金组织推动其监督框架更加全面和公正。国际金融机构负责人应通过公开、透明、择优的程序遴选，并确保向来自新兴市场经济体和发展中国家的人选真正开放。

14. 我们强调确保发展中国家从各种渠道获得稳定、充足和可预见的长期融资的重要性。我们希望看到全球共同努力，通过资金充足的多边开发银行和区域开发银行向基础设施建设提供融资和投资。我们敦促所有各方努力实现富有雄心的国际开发协会第17次增资。

15. 我们重申支持公开、透明、基于规则的多边贸易体系。我们将在已有进展基础上，根据多哈授权，坚持透明、包容和多边主义的原则，继续致力于成功完成多哈回合谈判。我们承诺确保关于多哈回合谈判的新建议和新方式能够加强多哈回合的核心原则和发展授权。我们期待在巴厘岛举行的世界贸易组织第九届部长级会议达成重要和有意义的成果，这一成果应是平衡的，并照顾最贫困、最脆弱成员在发展领域的主要关切。

16. 我们注意到2013年世贸组织新任总干事的选举正在进行。我们赞同世贸组织需要一位承诺坚持多边主义、通过支持尽快结束多哈回合谈判等方式增强世贸组织可信度和合法性的新负责人。我们认为下任总干事应是来自发展中国家的代表。

17. 我们重申联合国贸发会议是联合国系统内从发展角度处理贸易、投资、金融和技术等彼此相关问题的核心机构。在相互依存日益加深的全球经济中，贸发会议在应对发展和增长挑战的任务和工作独特而必要。我们亦重申提高贸发会议在凝聚共识、政策对话、研究、技术合作和能力建设等方面能力的重要性，从而使之能更好地完成其发展授权。

18. 我们认识到国有企业在经济中发挥的重要作用，鼓励我们的国有企业探寻开展合作、分享信息和最佳实践的方式。

19. 我们认同中小企业在各国经济中的基础性作用。中小企业是就业机会和财富的主要创造者。鉴此，我们将探讨这一领域的合作机会，并认识到加强中小企业主管部门和机构之间对话，特别是为促进中小企业国际化并加强其创新和研发能力的必要性。

20. 我们重申强烈支持联合国作为最重要的多边论坛，承载着为世界带来希望、和平、秩序和可持续发展的任务。联合国成员国代表性广泛，处于全球治理和多边主义的中心位置。在此，我们重申，需要对联合国包括安理会进行全面改革，使其更具代表性、效力和效率，以更有效应对全球挑战。为此，中国和俄罗斯重申重视巴西、印度、南非在国际事务中的地位，支持其希在联合国发挥更大作用的愿望。

21. 我们强调将致力于在联合国共同努力，根据法治和《联合国宪章》，继续合作并加强国际关系中的多边主义方式。

22. 我们致力于建设一个持久和平和共同繁荣的和谐世界，并重申 21 世纪应该是和平、安全、发展和合作的世纪。金砖国家本着和平、安全、发展和合作的崇高目标和共同愿望走到了一起。

23. 我们欢迎纪念世界人权大会和维也纳宣言及行动计划二十周年，同意在人权领域探讨合作。

24. 我们赞赏国际社会解决非洲冲突的努力，承认非盟及其和平和安全理事会在此方面发挥的中心作用。我们呼吁联合国安理会根据有关决议加强同非盟及其和平和安全理事会的合作。我们深为关注北非特别是萨赫勒地区以及几内亚湾的不稳定局势。我们也对一些国家人道主义状况恶化的报道依然感到关切。

25. 我们欢迎非盟委员会任命新主席，这表明了女性的领导作用。

26. 我们对叙利亚安全和人道主义形势的恶化表示深度关切，谴责持续暴力冲突造成违反人权和国际人道主义法的行为持续增加。我们相信日内瓦行动小组联合公报为解决叙利亚危机奠定了基础，重申反对任何使冲突进一步军事化的行为。只有通过满足叙利亚社会所有阶层合理意愿的广泛国内对话，并按照日内瓦联合公报及安理会相关决议尊重叙利亚独立、主权、领土完整，由叙利亚人民主导的政治过渡才能实现。我们支持联合国—阿盟联合特别代表为此做出的努力。鉴于叙利亚人道主义形势的恶化，我们呼吁各方确保并协助需要援助的人能够从人道主义组织获得迅速、安全、充足和顺畅的帮助。我们敦促各方确保人道主义工作者的人身安全。

27. 我们欢迎巴勒斯坦成为联合国观察员国。我们对中东和平进程缺乏进展表示关切，呼吁国际社会推动以色列和巴勒斯坦为实现“两国方案”而做出努力，以 1967 年边界为基础，划定国际公认边界，建立以东耶路撒冷为首都、与以色列和平共处、经济上可自立的巴勒斯坦国。我们对在巴勒斯坦被占领土上兴建以色列定居点表示深切关注。这既违反了国际法也将危害和平进程。忆及联合国安理会在维护国际和平和安全方面承担主要职责，我们注意到四方机制定期向安理会报告的重要性，这种做法应有助于促进取得实际进展。

28. 我们相信谈判解决伊朗核问题是唯一途径。我们承认伊朗有根据国际义务和平利用核能的权利，支持根据联合国安理会有关决议和《不扩散核武器条约》有关条款，通过政治、外交手段和对话解决问题，包括国际原子能机构和伊朗之间的对话。我们对军事打击威胁和单边制裁行动表示关切。我们注意到近期在阿拉木图举行的对话，希望所有关于伊朗核计划的未决问题通过对话和外交途径解决。

29. 阿富汗需要时间、发展援助与合作、进入世界市场的优惠条件、外国投资和目标清晰的国家战略，以实现持久和平与稳定。我们支持国际社会在2011年12月波恩国际会议上对阿富汗所做的承诺，在2015至2024年转型期内与阿保持接触。我们重申支持阿富汗成为一个和平、稳定和民主的国家，免受恐怖主义和极端主义困扰，强调有必要就实现阿富汗稳定开展更有效的地区和国际合作，包括打击恐怖主义。我们支持巴黎进程框架下关于打击源于阿富汗的毒品走私的努力。

30. 我们赞赏非盟、西非国家经济共同体和马里为恢复马里主权和领土完整的努力。我们支持马里政府及其伙伴实施旨在举行总统和立法机构选举的过渡计划的努力。我们强调政治包容性和经济社会发展对实现马里可持续和平与稳定的重要性。我们对马里人道主义形势恶化的报道表示担忧，呼吁国际社会继续与马里及其邻国合作，确保为受武装冲突影响的民众提供人道主义救助。

31. 我们对中非共和国的当前形势和人员伤亡表示严重关切。我们强烈谴责针对平民的滥用暴力和侵犯人权行为。我们呼吁各方使人道主义行动安全和无障碍进行，并确保平民安全离境。我们呼吁冲突各方立即停止敌对行为，并重回谈判。我们愿与国际社会共同协助上述工作，并为和平解决冲突提供便利。巴西、俄罗斯、中国对南非和印度公民在中非遭受伤亡表示同情。

32. 我们对刚果民主共和国正经历的动荡表示严重关切。我们欢迎2013年2月24日在亚的斯亚贝巴签署的《刚果民主共和国及地区和平、安全和合作框架》协议。我们支持刚果（金）独立、领土和主权完整。我们支持联合国、非盟和次区域组织为促进该国和平、安全和稳定所做出的努力。

33. 我们重申强烈谴责任何形式的恐怖主义，强调无论如何均没有理由采取恐怖行动。我们认为根据《联合国宪章》和国际法相关原则和宗旨，联合国应在协调国际反恐行动中发挥核心作用。为此，我们支持落实联大全球反恐战略，决心在应对这一全球威胁方面加强合作。我们并再次呼吁应尽快完成《关于国际恐怖主义的全面公约》谈判，使其得到所有成员国批准，并同意朝这一目标共同努力。

34. 我们认识并注意到互联网在促进全球经济、社会和文化发展中的重要积极作用。我们相信促进和参与和平、安全和开放的网络信息空间十分重要，强调通过全球认可的规范、标准和实践实现信息通信技术的安全使用至关重要。

35. 我们祝贺巴西于2012年6月举办联合国可持续发展大会（里约+20），欢迎大会成果文件《我们憧憬的未来》中体现的成果，特别是重申里约原则，以及对可持续发展和消除贫困的政治承诺，并将为金砖国家的伙伴参与未来可持续发展目标的制定并就此开展合作创造机会。

36. 我们祝贺印度主办的《联合国生物多样性公约》第11次缔约方大会暨《卡塔赫纳生物安全议定书》第六次缔约方会议的成果。

37. 认识到气候变化是实现可持续发展面临的最大挑战和威胁之一，我们呼吁各方在卡塔尔多哈举行的《联合国气候变化框架公约》第18次缔约方大会暨《京都议定书》第八次缔约方会议通过决定的基础上，根据《公约》的原则和规定于2015年前完成一份适用于《公约》所有缔约方的议定书，其他形式的法律文件，或是一份具有法律效力的商定成果。

38. 我们相信国际商定的发展目标，包括千年发展目标，回应了发展中国家的发展需求。这些国家继续面临发展挑战，包括普遍存在的贫困和不平等。低收入国家仍面临挑战，危及其近年来令人印象深刻的经济增长。粮食和其他大宗商品价格波动凸显了粮食安全问题并制约政府收入。重建宏观经济缓冲的进展相对缓慢，部分原因是有关国家需采取措施减轻外部冲击对社会的影响。由于财政缓冲有限和援助资金减少，许多低收入国家在抵御外部冲击时处于弱势，这将影响其在落实千年发展目标方面保持进展。我们重申，个别国家特别是非洲和其他的南方发展中国家无法自主实现千年发展目标，因此关于实现千年发展目标的全球发展伙伴关系第八项目标应在联合国系统的全球发展议程中处于核心地位。这进而要求我们信守在此前的主要国际会议成果文件中所做的承诺。

39. 我们重申将共同致力于加快在 2015 年目标期限前实现千年发展目标，呼吁国际社会其他成员国为同一目标而努力。为此，我们强调2015年后的发展议程应基于千年发展目标框架，继续关注消除贫困和人的发展，同时在考虑发展中国家各自国情的条件下应对其他新挑战。为此，协助发展中国家获得执行手段这一关键问题应成为统领目标。重要的是，应确保关于联合国发展议程，包括“2015 年后发展议程”的任何讨论，都应是在联合国机制下包容、透明的政府间磋商进程，以体现普遍性和基础的广泛性。

40. 我们欢迎可持续发展目标开放工作组的成立，这符合里约+20 大会通过的重申可持续发展原则是应对新挑战基础的成果文件。我们将致力于为讨论联合国发展议程建立协调的政府间磋商进程。

41. 我们注意到为落实德里行动计划举办了下列会议：

- 在新德里举办的安全事务高级代表会议
- 在联合国大会期间的外长会议
- 在华盛顿和东京举行的财长和央行行长会议
- 在巴亚尔塔港举办的贸易部长会议
- 在新德里和日内瓦举办的卫生部长会议

42. 我们欢迎建立工商理事会和智库理事会，注意到为筹备本次领导人会晤举办了下列会议：

- 第五届智库论坛
- 第四届工商论坛
- 第三届金融论坛

43. 我们欢迎金砖国家财长和央行行长会议的成果，核准第三届金砖国家贸易部长会联合公报。

44. 我们承诺为促进共同发展打造更强有力的伙伴关系。为此，我们通过德班行动计划。

45. 我们同意下一轮领导人会晤的承办顺序原则上为巴西、俄罗斯、印度、中国和南非。

46. 巴西、俄罗斯、印度和中国高度赞赏南非政府和人民在德班举办金砖国家领导人第五次会晤。

47. 俄罗斯、印度、中国和南非对巴西提出主办第二轮领导人会晤首届峰会，即 2014 年金砖国家领导人第六次会晤表示感谢，并愿予以全力支持。

德班行动计划

一、举行金砖国家安全事务高级代表会议。

二、金砖国家外长在联合国大会期间举行会晤。

三、举行协调人及副协调人中期会议。

四、金砖国家财长和央行行长在二十国集团会议、世界银行和国际货币基金组织会议期间或根据需要单独举行会议。

五、金砖国家贸易部长在出席多边活动期间或根据需要单独举行会议。

六、举行金砖国家农业及农村发展部长会议，并在会前召开农产品和粮食安全问题专家预备会议和农业专家组会议。

七、举行金砖国家卫生部长会议及其筹备会。

八、在相关多边活动期间举行金砖国家人口事务官员会议。

九、举行金砖国家科技部长会和科技高官会议。

十、举行金砖国家合作社会议。

十一、财金部门在世界银行/国际货币基金组织会议期间或根据需要单独举行会议。

十二、举行金砖国家经贸联络组会议。

十三、举行金砖国家友好城市暨地方政府合作论坛。

十四、举行金砖国家城市化论坛。

十五、2013 年在新德里举行国际竞争力大会。

十六、举行金砖国家统计部门负责人第五次会议。

十七、根据需要，金砖国家常驻纽约、维也纳、罗马、巴黎、华盛顿、内罗毕和日内瓦的代表团和/或使馆举行磋商。

十八、如有必要，金砖国家高官在可持续发展、环境及气候领域的国际论坛期间举行磋商。

可探讨的新合作领域：

——公共外交论坛

——反腐败合作

——国有企业合作

——禁毒部门合作

——虚拟秘书处

——青年政策对话

——旅游

——能源

——体育及大型体育赛事

金砖国家领导人第六次会晤《福塔莱萨宣言》

2014 年 7 月 15 日，巴西福塔莱萨

（略）

金砖国家领导人第七次会晤《乌法宣言》

2015 年 7 月 9 日，俄罗斯乌法

（略）

金砖国家领导人第八次会晤《果阿宣言》

2016 年 10 月 16 日，印度果阿

（略）

金砖国家领导人第九次会晤《厦门宣言》

2017 年 9 月 4 日，中国厦门

一、序言

1. 我们，中华人民共和国、巴西联邦共和国、俄罗斯联邦、印度共和国和南非共和国领导人于 2017 年 9 月 4 日在中国厦门举行金砖国家领导人第九次会晤。围绕“深化金砖伙伴关系，开辟更加光明未来”主题，我们致力于本着未来共同发展的愿景，在金砖国家合作已有进展的基础上更进一步。我们还讨论了共同关心的国际和地区问题，协商一致通过《金砖国家领导人厦门宣言》。

2. 我们重申，追求和平、安全、发展和合作的宏伟目标和愿望使金砖国家在 10 年前走到了一起。从此，金砖国家矢志发展经济，改善民生，沿着符合本国国情的发展道路共同走过了一段非凡历程。在历次领导人会晤的推动下，我们致力于协调行动，构建起全方位、多层次的合作势头。我们坚持发展事业，秉持多边主义，共同推动建立更加公正、平等、公平、民主和有代

表性的国际政治、经济秩序。

3. 我们始于 2006 年的合作进程已经培育出互尊互谅、平等相待、团结互助、开放包容、互惠互利的金砖精神，这是我们的宝贵财富和金砖国家合作不竭的力量源泉。我们尊重各自选择的发展道路，理解和支持彼此利益。我们一直坚持平等团结，坚持开放包容，建设开放型世界经济，深化同新兴市场和发展中国家的合作。我们坚持互利合作，谋求共同发展，不断深化金砖务实合作，造福世界。

4. 我们对合作取得的丰硕成果感到满意，包括成立新开发银行（NDB）和应急储备安排（CRA），制定《金砖国家经济伙伴战略》，通过安全事务高级代表会议、外长会晤等加强政治安全合作，深化五国人民的传统友谊等。

5. 我们回顾乌法和果阿会晤成果，将共同努力深化金砖国家战略伙伴关系，造福五国人民。我们将本着坚定信念，在历次领导人会晤成果和共识的基础上，开辟金砖国家团结合作的第二个“金色十年”。

6. 我们相信，金砖国家发展前景广阔，合作潜力巨大，我们对金砖国家的未来满怀信心。我们致力于加强如下合作：

——深化务实合作，促进金砖国家发展。我们将加强发展经验交流，打造贸易投资大市场，促进基础设施联通、货币金融流通，实现联动发展。我们致力于同其他新兴市场和发展中国家建立广泛的伙伴关系。为此，我们将采取平等和灵活的方式同其他国家开展对话与合作，包括“金砖+”合作模式。

——加强沟通协调，完善经济治理，建立更加公正合理的国际经济秩序。我们将努力提高金砖国家及新兴市场和发展中国家在全球经济治理中的发言权和代表性，推动建设开放、包容、均衡的经济全球化，以促进新兴市场和发展中国家发展，为解决南北发展失衡、促进世界经济增长提供强劲动力。

——倡导公平正义，维护国际与地区和平稳定。我们将坚定维护以联合国为核心的公正合理的国际秩序，维护《联合国宪章》的宗旨和原则，尊重国际法，推动国际关系民主化法治化，共同应对传统和非传统安全挑战，为人类命运共同体开辟更加光明的未来。

——弘扬多元文化，促进人文交流，深化传统友谊，为金砖合作奠定更广泛的民意支持基础。我们将拓展全方位人文交流，鼓励社会各界广泛参与金砖合作，促进各国文化和文明的互学互鉴，增进各国人民之间的沟通和理解，深化传统友谊，让金砖伙伴关系的理念深植于民心。

二、金砖经济务实合作

7. 我们注意到，世界经济增长更加稳固，抗风险能力增强，新动能继续显现，金砖国家继续发挥作为全球增长引擎的重要作用。同时，我们也注意到世界经济中的不确定性和下行风险依然存在，强调有必要警惕防范内顾政策和倾向。这种政策和倾向正在对世界经济增长前景和市场信心带来负面影响。我们呼吁各国谨慎制定宏观经济政策和结构性政策，加强政策沟通与协调。

8. 我们注意到，经济务实合作一直是金砖合作的基础，特别是落实《金砖国家经济伙伴战略》以及在贸易投资、制造业和矿业加工、基础设施互联互通、资金融通、科技创新、信息通信技术合作等优先领域的倡议。我们欢迎落实该经济伙伴战略的首份报告，欢迎各领域专业部长会取得的系列成果。我们承诺使用所有政策工具，包括财政、货币和结构性改革措施，实施创新驱动战略，增强经济韧性和潜力，为促进强劲、可持续、平衡和包容增长做出贡献。

9. 我们强调加强贸易投资合作有助于释放金砖国家经济潜力，同意完善并扩展贸易投资合作机制和范围，以加强金砖国家经济互补性和多样性。我们欢迎金砖国家第七次经贸部长会议在贸易投资便利化及互联互通合作框架、路线图和概要方面取得积极成果，包括通过加强贸易投资便利化、服务贸易、电子商务、与金砖国家知识产权管理部门合作活动相协调的知识产权合作、经济技术合作、中小企业和妇女经济赋权等领域合作，加强政策分享、信息交流和能力建设。我们欢迎建立自愿参与的金砖国家示范电子口岸网络和电子商务工作组。我们欢迎中国在 2018 年举办国际进口博览会并鼓励金砖国家工商界积极参与。

10. 我们强调加强金砖国家财金合作的重要性，以更好地服务实体经济，满足金砖国家发展需要。我们注意到金砖国家财政部长和央行行长就政府和社会资本合作（PPP）达成共识，包括分享 PPP 经验、开展金砖国家 PPP 框架良好实践等。我们认识到金砖国家成立临时工作组，就通过多种途径开展 PPP 合作进行技术性讨论，包括如何根据各国经验利用多边开发银行现有资源、探讨成立一个新的 PPP 项目准备基金的可能性等。我们鼓励金砖国家会计准则制定机构和审计机关加强协调与合作，同意在充分考虑各国法律和政策的同时，探讨债券发行领域的会计准则趋同和审计监管领域的合作，为金砖国家债券市场互联互通奠定基础。我们同意促进金砖国家本币债券市场发展，致力于共同设立金砖国家本币债券基金，作为维护金砖国家融资资本可持续性的一种手段，通过吸引更多外国私人部门参与，促进各国国内和区域债券市场发展并加强金砖国家财政韧性。

11. 为满足金砖国家贸易投资快速增长带来的需求，我们同意在遵守各国现有监管框架和世贸组织义务的基础上，通过促进金融机构和金融服务网络化布局，为金砖国家金融市场整合提供便利，同时确保金融监管部门更好地交流与合作。我们同意通过金砖国家反洗钱/打击恐怖融资代表团团长合作，以及在金砖国家反恐工作组工作框架下，并利用其他平台来维护各国金融系统廉洁，为落实和改善金融行动特别工作组关于反洗钱、打击恐怖融资和防止大规模杀伤性武器扩散的国际标准发挥积极作用。我们同意在符合各国央行法律授权的前提下，通过货币互换、本币结算、本币直接投资等适当方式，就加强货币合作保持密切沟通，并探索更多货币合作方式。我们鼓励金砖国家银行间合作机制继续在支持金砖国家经贸合作方面发挥重要作用。我们赞赏金砖国家成员国的开发银行签署关于银行间本币授信和信用评级合作的谅解备忘录。

12. 我们强调创新是经济中长期增长和全球可持续发展的重要驱动力。我们致力于推动科技创新合作，发挥协同效应，挖掘金砖国家增长新动能，继续应对我们面临的发展挑战。我们对金砖国家科技创新框架计划下选择的研发项目感到满意，并注意到第二轮项目征集。我们欢迎金砖国家科技创新合作谅解备忘录，支持通过技术转移转化、科技园区和企业合作以及研究人员、企业家、专业人士和学生流动等方式加强创新创业合作。我们鼓励学术界、工商界、民间社会以及其他利益攸关方加大参与，支持通过新开发银行等现有基金、机构和平台促进科技创新投资以及跨境投资。我们同意继续就创新创业合作平台开展工作，支持落实《金砖国家创新合作行动计划（2017－2020）》。

13. 我们重申致力于工业领域合作，包括产能和产业政策、新型工业基础设施与标准、中小微企业等，共同抓住新工业革命带来的机遇，加速金砖国家工业化进程。我们鼓励探讨建立金砖国家未来网络研究机构。我们将加强金砖国家在物联网、云计算、大数据、数据分析、纳米技术、人工智能、5G 及其创新应用等信息通信技术的联合研发和创新，提升五国信息通信技术基础设施建设和互联互通水平。我们倡导在基础设施安全、数据保护、互联网空间领域制定国际通行的规则，共建和平、安全的网络空间。我们将增加信息通信技术投资，确认有必要进一步提升信息通信技术研发投资，在提供产品和服务方面释放创新活力。我们鼓励研究机构、组织、企业在概念论证和试点项目方面建立认证和便利化伙伴关系，通过智慧城市、卫生保健、能效设施等领域的下一代创新举措，发挥在信息通信技术软硬件和技能方面的互补优势。我们支持就落实金砖信息通信技术发展议程和行动计划积极开展合作。

14. 我们重申致力于全面落实 2030 年可持续发展议程。我们将倡导公平、开放、全面、创新、包容发展，平衡协调推进经济、社会和环境可持续发展。我们支持联合国，包括其可持续发展高级别政治论坛，在协调、评估全球落实 2030 年可持续发展议程方面发挥重要作用，认为有必要通过改革联合国发展系统增强其支持成员国落实可持续发展议程的能力。我们敦促发达国家按时、足额履行官方发展援助承诺，为发展中国家提供更多发展资源。

15. 我们强调能源对经济发展的战略重要性，致力于加强金砖国家能源合作。我们认识到可持续发展、能源获取、能源安全对世界的共同繁荣和未来发展至关重要。我们承认清洁和可再生能源应让所有人负担得起。我们将建设开放、灵活和透明的能源大宗商品和技术市场。我们将携手推动化石能源的更高效利用及天然气、水电和核能的更广泛应用，为低排放经济、更好的能源获取及可持续发展做出贡献。为此，我们强调，提高用以扩大民用核能能力的技术和资金的可预测性十分重要，这有利于金砖国家的可持续发展。我们鼓励就设立金砖国家能源研究平台继续开展对话，要求相关机构继续推进能源合作与能效领域联合研究。

16. 我们致力于在可持续发展和消除贫困的框架内继续推动发展绿色和低碳经济，加强金砖国家应对气候变化合作，扩大绿色融资。我们呼吁各国根据共同但有区别的责任原则、各自能力原则等《联合国气候变化框架公约》有关原则，全面落实《巴黎协定》，并敦促发达国家向发展中国家提供资金、技术和能力建设支持，增强发展中国家减缓和适应气候变化的能力。

17. 我们强调环境合作对金砖国家可持续发展和人民福祉的重要性，同意在预防空气和水污染、废弃物管理、保护生物多样性等领域采取具体行动，推进成果导向型合作。我们认识到构建环境友好型技术平台和提高城市环境可持续发展能力的重要性，支持金砖国家在此方面的共同努力。巴西、俄罗斯、印度和南非赞赏并支持中国承办 2020 年《生物多样性公约》缔约方大会。

18. 我们注意到过去几年金砖国家农业合作成果丰硕，认为各国农业发展各具特色，互补性强，合作潜力巨大。为此，我们同意在粮食安全与营养、农业适应气候变化、农业技术合作与创新、农业投资贸易以及农业信息技术应用等五大重点领域加强合作，为推动全球农业稳定增长、实现可持续发展目标做出贡献。我们欢迎建立金砖国家农业研究平台协调中心，这一虚拟网络将有助于推进上述优先领域合作。

19. 我们关注非洲大陆在自主和可持续发展、野生动物保护等方面面临的挑战。我们重申将致力于加强对非合作，通过促进互联互通和发展领域的倡议与项目，帮助非洲大陆打击非法野生动物买卖，促进就业、粮食安全、基础设施发展与工业化。我们重申坚定支持非盟落实《2063 年议程》框架下的各项计划，实现非洲大陆和平与经济社会发展。

20. 腐败对可持续发展带来负面影响。我们支持加强金砖国家反腐败合作，重申致力于加强对话与经验交流，支持编纂金砖国家反腐败图册。腐败资产非法流动危害金砖国家经济发展和金融稳定，我们支持加强资产追回合作。我们支持包括通过金砖国家反腐败工作组机制加强国际反腐败合作和追逃追赃工作。非法资金流动、藏匿在国外的非法所得等腐败活动是全球性挑战，将对经济增长和可持续发展造成负面影响。我们将努力加强这方面的协调行动，依据《联合国反腐败公约》和其他有关国际法，鼓励在全球范围内更有力地预防和打击腐败。

21. 我们生活在数字经济时代，已准备好利用数字经济为全球增长带来的机遇，并应对有关挑战。我们将基于创新、伙伴、协同、灵活、开放和利于营商、注重信任和安全，保护消费者权益等原则，采取行动为数字经济繁荣和蓬勃发展创造条件，促进世界经济发展并惠及所有人。

22. 我们赞赏金砖国家工商理事会和金砖国家工商论坛在基础设施、制造业、能源、农业、金融服务、电子商务、技术标准校准、技能开发等方面为加强金砖国家经济合作所做的努力和贡献。我们欢迎在工商理事会框架下建立区域航空工作组，注意到巴西关于建立区域航空伙伴关系谅解备忘录的提议。我们鼓励工商界和商业协会积极参与金砖国家合作，充分发挥贸易投资促进机构作用，推动互利共赢合作。

23. 我们认识到劳动市场经历的重大变革及其为各国带来的机遇和挑战。我们满意地看到金砖国家在人力资源、就业、社会保障、加强劳动市场信息系统、培育金砖国家劳动研究机构网络和金砖国家社会保障合作框架等领域取得的进展。我们欢迎金砖国家就未来劳动治理取得共识，同意进一步加强合作与交流，确保充分就业和体面劳动，通过技能开发减少和消除贫困，构建普遍、可持续的社会保障体系。

24. 我们认识到，保护竞争对确保五国社会和经济高效发展、鼓励创新、为消费者提供高品质产品都有重要意义。我们注意到五国竞争管理部门互动的重要意义，特别是识别和抑制跨境限制性商业行为。

25. 我们满意地注意到，通过金砖国家海关合作委员会和海关工作组等机制，五国海关部门在贸易便利化、安全与执法、能力建设和其他共同关心的事务方面取得的合作进展。我们鼓励以信息互换、监管互认、执法互助为指导原则扩大合作，促进经济增长和人民福祉。为加强海关事务相互合作，我们重申致力于尽快完成《金砖国家海关行政互助协定》。

26. 我们秉持和平利用外空原则，强调有必要加强空间活动国际合作，利用空间技术应对全球气候变化、环境保护、防灾救灾以及其他人类面临的挑战。

27. 我们忆及金砖国家灾害管理部长会圣彼得堡和乌代布尔宣言，以及建立金砖国家灾害风险管理联合工作组的决定，强调在金砖国家应急服务方面携手合作非常重要。我们着眼于通过灾害风险管理最佳实践信息交流和自然、人为灾害预报预警及有效应对等领域的合作，减少灾害风险，构建更加安全的未来。

28. 我们对金砖国家在审计、统计、出口信贷等领域合作取得积极进展表示满意，同意继续推进相关合作。

三、全球经济治理

29. 我们决心构建一个更加高效、反映当前世界经济版图的全球经济治理架构，增加新兴市场和发展中国家的发言权和代表性。我们重申致力于推动国际货币基金组织于2019年春会、不迟于2019年年会前完成第15轮份额总检查，包括形成一个新的份额公式。我们将继续推动落实世界银行股权审议。

30. 我们强调开放、韧性的金融体系对可持续增长和发展非常重要，同意更好地利用资本流动带来的益处，管理过度跨境资本流动与波动带来的风险。应急储备安排（CRA）是金砖国家金融合作和发展的一个里程碑，为全球金融稳定做出了贡献。我们欢迎建立 CRA 宏观经济信息交换机制，以及进一步提高 CRA 研究能力、同 IMF 开展更紧密合作的共识。

31. 我们欢迎在南非设立新开发银行（NDB）第一个区域办公室——非洲区域中心。我们欢迎 NDB 设立项目准备基金以及批准第二批项目，祝贺 NDB 总部大楼破土动工。我们强调基础设施互联互通对培育更密切的经济联系与伙伴关系至关重要。我们鼓励 NDB 充分发挥作用，加强同世界银行、亚洲基础设施投资银行等多边开发机构以及金砖国家工商理事会的合作，以协调调动资源，促进金砖国家基础设施建设和可持续发展。

32. 我们强调，建设开放包容的世界经济对于让所有国家和人民分享经济全球化的益处具有重要作用。我们继续坚定维护以世贸组织为代表、以规则为基础、透明、非歧视、开放和包容的多边贸易体制，重申确保全面实施和执行现有世贸组织规则，进一步加强世贸组织作用。我们呼吁加快落实世贸组织巴厘和内罗毕部长级会议成果，期待今年在阿根廷举行的世贸组织部长级会议取得积极成果。我们将继续坚决反对保护主义。我们重申不采取新的贸易保护主义措施的既有承诺，呼吁其他国家加入这一承诺。

33. 我们重视二十国集团继续作为国际经济合作主要论坛的作用，重申落实包括杭州峰会和汉堡峰会在内的历届峰会成果。我们呼吁二十国集团进一步加强宏观经济政策协调，将对新兴市场和发展中国家造成的负面外溢效应和冲击降至最低。我们同意在 2018 年阿根廷担任二十国集团主席国期间加强协调合作，使二十国集团进程与成果反映新兴市场和发展中国家的利益和关切。

34. 我们重申努力建立公平、现代化的全球税收体系，营造更加公正、有利于增长和高效的国际税收环境，包括深化应对税基侵蚀和利润转移合作，推进税收信息交换，加强发展中国家能力建设。我们将加强金砖国家税收合作，为国际税收规则制定做出更大贡献，同时向其他发展中国家提供有针对性的、有效、可持续的技术援助。

四、国际和平与安全

35. 我们注意到世界正在经历深刻变革，国际社会面临全球性安全威胁和挑战。我们承诺在国际场合就事关国际和平与安全的问题加强沟通与合作，重申维护世界和平与安全，捍卫国际法基本准则及《联合国宪章》宗旨和原则，包括坚持主权平等、不干涉别国内政。

36. 我们欢迎 2017 年 7 月 27 日至 28 日在北京举行的第七次金砖国家安

全事务高级代表会议，赞赏会议就全球治理、反恐、网络安全、能源安全、重大国际和地区热点及国家安全和发展等问题进行探讨并深化了共识。我们注意到巴西提议设立金砖国家情报论坛。我们欢迎中方作为安代会主席国向领导人会晤汇报会议成果，鼓励今后主席国延续这一做法。我们期待在上述领域加强安全领域务实合作。

37. 我们欢迎在中国的倡议下于2017年6月18日至19日在北京举办金砖国家外长会晤。外长们就全球政治、安全、经济和金融等领域重大和共同关心的问题及加强金砖国家合作等交换意见。我们期待即将在联合国大会期间举办的外长会晤，欢迎南非在2018年举行下次金砖国家外长单独会晤。

38. 发展和安全密切相关、相互促进，对实现可持续和平至关重要。我们重申在互信、互利、平等、合作的基础上，采取共同、综合、坚定的方式构建可持续和平，解决冲突的政治、经济及社会根源。我们谴责单边军事干预、经济制裁及任意采取单边胁迫措施，这违反了国际法和公认的国际关系准则。我们强调，任何国家都不应以牺牲别国安全为代价加强自身安全。

39. 我们重申对联合国的支持。联合国作为具有普遍代表性的多边组织，肩负维护国际和平与安全，推动全球发展、促进和保护人权的授权。

40. 我们回顾2005年世界首脑会议成果文件，重申需要对联合国包括其安理会进行全面改革，使之更具代表性、效力和效率，增强发展中国家代表性，以应对全球挑战。中国和俄罗斯重申重视巴西、印度和南非在国际事务中的地位和作用，支持其希望在联合国发挥更大作用的愿望。

41. 我们重申达成叙利亚问题持久解决办法的唯一出路是推进“叙人主导、叙人所有”的包容性政治进程，根据联合国安理会第2254（2015）号决议要求，维护叙利亚主权、独立和领土完整，顺应叙利亚人民的合理诉求。我们坚定支持日内瓦和谈与阿斯塔纳进程，欢迎在叙利亚设立冲突降级区，降低冲突程度，为在联合国框架下开展和谈取得有意义进展积聚积极势头，创造良好条件。我们反对任何人、在任何情况下、出于任何目的使用化学武器。

42. 我们重申应在联合国相关决议、马德里原则、“阿拉伯和平倡议”以及此前双方达成的协议基础上，通过谈判实现巴以冲突的公正、持久和全面解决，建立一个与以色列和平共处，独立自主、经济上自立、领土完整的巴勒斯坦国，以实现中东地区和平稳定。我们承诺为解决巴以问题做出更大贡献，愿为实现中东问题的公正、持久解决做出更多贡献，支持国际社会促进该地区和平稳定的努力。

43. 我们祝贺伊拉克人民和政府收复摩苏尔以及在打击恐怖主义方面取得进展，重申致力于维护伊拉克的主权、领土完整、政治独立，支持伊拉克政府和人民。我们关注也门局势，敦促各方停止敌对状态，在联合国支持下恢复谈判。我们呼吁海湾地区外交危机当事方通过对话解决纷争，欢迎科威特的斡旋努力。

44. 我们十分遗憾朝鲜进行核试验。我们对朝鲜半岛紧张局势和长期存在的核问题深表关切，强调这个问题只能通过所有相关方直接对话，以和平方式解决。

45. 我们坚定支持伊朗核问题全面协议，呼吁所有相关方全面履行义务，确保协议得到完整、有效执行，促进国际和地区和平与稳定。

46. 我们赞赏非洲国家、非洲联盟和次区域组织为解决地区问题和维护地区和平安全所做出的努力，强调联合国和非盟根据《联合国宪章》进行合作的重要性。我们支持全面解决刚果民主共和国、利比亚、南苏丹、索马里、中非共和国、西撒哈拉地区有关问题的努力。

47. 我们强烈谴责导致阿富汗无辜平民死亡的恐怖袭击。暴力需要立即停止。我们重申支持阿富汗人民实现“阿人主导、阿人所有”的和平与民族和解进程的努力，支持在莫斯科举行的阿富汗问题磋商、伊斯坦布尔进程、多式联运项目等促进和平与稳定的国际努力，支持打击恐怖主义和应对毒品威胁，支持阿富汗国家重建努力。我们支持阿富汗国防和安全部队打击恐怖组织的努力。

48. 为此，我们对地区安全形势以及塔利班、“伊拉克和黎凡特伊斯兰国/达阿什”、基地组织及其附属的东突厥斯坦伊斯兰运动、乌兹别克斯坦伊斯兰运动、哈卡尼网络、虔诚军、穆罕默德军、巴基斯坦塔利班运动、伊扎布特引发的暴力表示关切。

49. 我们谴责在金砖国家乃至世界各地发生的恐怖袭击，无论在何地、由何人实施。我们谴责一切形式和表现的恐怖主义，强调任何原因都不能作为为恐怖主义正名的理由。我们重申实施、组织或支持恐怖主义行为的人都将被绳之以法。我们回顾各国在预防和打击恐怖主义方面发挥了主导作用并承担了相应责任，强调有必要根据主权平等、不干涉别国内政等国际法原则开展国际合作。我们重申团结一致打击恐怖主义，重视 2017 年 5 月 18 日在北京举行的反恐工作组第二次会议，同意加强合作。

50. 我们呼吁所有国家综合施策打击恐怖主义，包括打击极端化以及包括外国恐怖作战人员在内的恐怖分子的招募与流动；切断恐怖主义融资渠道，例如包括通过洗钱、武器供应、贩毒、刑事犯罪等方式的有组织犯罪；摧毁恐怖组织基地；打击恐怖主义实体滥用包括社交媒体在内的最新信息通信技术。我们致力于预防和打击日益蔓延的恐怖主义言论，打击恐怖主义融资的一切来源、技术和渠道。我们呼吁在全球范围内迅速、有效地执行联合国安理会相关决议以及金融行动特别工作组相关国际标准。我们寻求加强在金融行动特别工作组以及类似区域机制框架下加强合作，重申所有国家都有责任阻止恐怖主义网络在其领土上筹措资金和从事恐怖活动。

51. 我们呼吁国际社会建立一个真正广泛的全球反恐联盟，支持联合国在这方面的中心协调作用。我们强调打击恐怖主义必须依据包括《联合国宪章》、国际难民和人道主义法在内的国际法，尊重人权和基本自由。我们重申致力于加强联合国反恐体系的有效性，包括加强联合国相关机构的协调合作、将恐怖分子和恐怖组织列名以及向成员国提供技术援助等。我们呼吁联合国大会加快达成并通过《全面反恐公约》。

52. 我们认识到金砖国家对联合国维和行动的重要贡献，以及联合国维和行动为维护国际和平与安全发挥的重要作用。我们强调金砖国家有必要就维和事务进一步加强沟通。

53. 我们重申致力于按照联合国毒品控制公约，通过整体、全面、平衡的方式制定减少毒品供需的战略，解决国际毒品问题。我们强调第30届世界毒品问题特别联大成果文件的重要性，呼吁加强国际和地区协调合作，应对非法生产和贩运毒品，特别是鸦片制剂对国际社会造成的威胁。我们深为关切地注意到，在世界有些地区，贩毒、洗钱、有组织犯罪和恐怖主义之间的关联日益紧密。

54. 我们重申各国应本着平等相待和相互尊重的原则开展合作，促进和保护人权与基本自由。我们同意继续以公平、平等的方式对待包括发展权在内的各类人权，承认其相同地位及同等重要性。我们认为需要以非选择性、非政治性和建设性方式促进、保障及实现各国人权，避免双重标准。我们将在金砖国家及联合国人权理事会等多边框架下就共同关心的问题加强合作。

55. 我们充分意识到国际社会在国际移民领域面临的全球性安全挑战，强调有效移民管理为促进国际安全和社会发展发挥日益重要的作用。

56. 我们支持联合国在制定各方普遍接受的网络空间负责任国家行为规

范方面发挥中心作用，以确保建设和平、安全、开放、合作、稳定、有序、可获得、公平的信息通信技术环境。我们强调《联合国宪章》确立的国际法原则至关重要，特别是国家主权、政治独立、领土完整和国家主权平等、不干涉别国内政、尊重人权和基本自由。我们强调应加强国际合作，打击滥用信息通信技术的恐怖主义和犯罪活动，重申德班宣言、福塔莱萨宣言、乌法宣言和果阿宣言为此提出的建议。正如乌法宣言提及，应在联合国主导下制定国际法律文书以打击使用信息通信技术的犯罪行为。我们满意地注意到金砖国家关于信息通信技术使用安全性专家工作组取得的进展。我们决定根据《金砖国家确保信息通信技术安全使用务实合作路线图》或者任何其他达成共识的机制推进合作，注意到俄罗斯关于金砖国家达成确保信息通信技术安全使用的政府间合作协议的倡议。

57. 我们相信所有国家应平等参与互联网及其治理的演进和运行，并考虑相关利益攸关方根据其各自作用和职责参与其中的必需性。互联网核心资源的管控架构需更具代表性和包容性。我们满意地注意到金砖国家信息通信技术合作工作组取得进展，认识到加强该领域合作的必要性。为此，金砖国家将继续通过现有机制共同努力，在国际社会平等参与互联网管理的基础上，促进安全、开放、和平、合作使用信息通信技术。

58. 我们重申外空应由各国根据国际法并在平等基础上，自由地进行和平开发和利用。我们重申外空不应出现任何武器或使用武力，强调缔结一项或多项旨在防止外空军备竞赛的国际协定是联合国裁军谈判会议的一项优先任务，并支持以中国和俄罗斯提交的“防止在外空放置武器、对外空物体使用或威胁使用武力条约”更新草案为基础，开始实质性工作。我们也注意到关于不首先在外空部署武器政治义务的国际倡议。

59. 我们优先考虑确保外空活动长期可持续性，以及为子孙后代保护外空的方式方法。我们注意到这是联合国和平利用外空委员会当前重要目标。为此，我们欢迎联合国和平利用外空委员会科技小组委员会外空活动长期可持续性工作组决定到 2018 年就外空活动长期可持续性整套指南结束磋商并达成共识，以纪念首届联合国探索及和平利用外空大会召开 50 周年。

五、加强人文交流合作

60. 我们强调人文交流合作对促进发展并增进金砖国家人民相互了解、友谊与合作具有重要意义。我们同意深化文化、教育、科技、体育、卫生、媒体机构、地方政府等领域合作，打造金砖国家合作的第三支柱，巩固金砖国家伙伴关系的民意基础。

61. 我们珍视文化多样性是金砖合作的宝贵财富，强调文化和文化多样性对促进可持续发展的作用，鼓励金砖国家加强文明交流互鉴，在多元共享基础上培育共同价值理念。我们欢迎金砖国家制定一份推进文化务实合作行动计划的有关构想，欢迎成立金砖国家图书馆联盟、博物馆联盟、美术馆联盟和青少年儿童戏剧联盟。我们期待2017年9月中旬在厦门举行的金砖国家文化节取得圆满成功，将继续为建立金砖国家文化理事会开展工作，为金砖国家加强文化合作提供必要平台。

62. 我们强调教育对促进经济社会可持续发展、加强金砖国家伙伴关系的重要意义，赞赏金砖国家教育合作取得的积极进展。我们支持金砖国家大学联盟和金砖国家网络大学开展教育和研究合作，欢迎推动教育智库合作的有关努力，以及包括组织青少年夏令营、提供更多奖学金机会等方式的青年交流。我们同意就实现教育领域可持续发展目标分享经验和实践。

63. 我们相信金砖国家体育合作对推广五国传统运动项目、增进人民友谊具有重要意义。我们忆及金砖国家17岁以下少年足球赛于2016年在印度果阿成功举行，祝贺中国成功举办首届金砖国家运动会并成为今年人文交流合作的一大亮点。我们鼓励相关部门签署体育合作谅解备忘录，为促进五国体育合作提供更大助力。

64. 我们同意加强金砖国家在全球卫生治理中的作用，特别是在世界卫生组织和联合国机构中的作用，通过研发提高创新型医疗产品的普及性，并通过促进卫生系统与卫生融资，提高可负担的、有质量的、有效的、安全的药物、疫苗、诊断和其他医药产品和技术及医疗服务的可及性。我们同意完善应对埃博拉、艾滋病、结核病、疟疾等传染病以及非传染性疾病的监控能力和医疗服务，鼓励更多利用信息通信技术来提高公共卫生服务水平。我们欢迎金砖国家卫生部长会暨传统医药高级别会议取得积极成果，赞赏建立传统医药交流合作长效机制，以促进传统医药互学互鉴和传承。我们欢迎建立结核病研究网络的决定，并向将于2017年11月16日至17日在俄罗斯莫斯科举办的“在可持续发展时代开展多部门遏制结核病行动首届世界卫生组织全球部长级会议”提交。我们支持上述会议和2018年联合国大会结核病高级别会议。我们承诺在二十国集团等国际论坛就卫生事务加强合作。

65. 我们重申促进长期、平衡的人口发展，继续根据《2015－2020年金砖国家人口问题合作议程》开展人口合作。

66. 我们满意地注意到，金砖国家在治国理政、电影、媒体、智库、青年、议会、地方、工会等各领域交流合作取得进展，同意继续推进相关交流合作。我们赞赏金砖国家首次联合拍摄电影，祝贺金砖国家电影节、媒体高端论坛、友好城市暨地方政府合作论坛、青年论坛、青年外交官论坛、青年科学家论坛等活动取得成功。我们赞赏中国成功举办金砖国家政党、智库和民间社会组织论坛以及治国理政研讨会，将在未来继续采取类似行动。我们注意到中方倡议建立金砖国家研究与交流基金。

67. 我们赞赏金砖合作机制建设取得的重要进展，重申将继续加强机制建设，确保金砖合作适应形势变化。我们赞赏中方担任主席国期间采取积极举措，加强协调人在金砖合作中的统筹协调职能。我们指示协调人继续讨论金砖合作机制建设问题。

68. 我们重申坚定支持多边主义和联合国在国际事务中的中心作用，致力于推动金砖国家在联合国及其他多边机构中就涉及彼此共同利益的领域加强协调合作，包括通过金砖国家常驻纽约、日内瓦和维也纳代表定期会晤的方式，进一步增强国际舞台上的金砖声音。

69. 我们将在厦门会晤期间，延续德班会晤以来的外围对话做法，围绕“深化互利合作，促进共同发展”主题举行新兴市场国家与发展中国家对话会，讨论落实 2030 年可持续发展议程和构建广泛的发展伙伴关系，推进“金砖+”合作。

70. 南非、巴西、俄罗斯和印度称赞中国作为 2017 年金砖国家主席国所做工作，对中国政府和人民在厦门主办金砖国家领导人第九次会晤致以诚挚谢意。

71. 中国、巴西、俄罗斯和印度将全力支持南非于 2018 年举办金砖国家领导人第十次会晤。

附录2 金砖国家相关统计

附表 2.1 2016 年金砖国家概况

国家	首都	国土面积（万平方公里）	年中人口（万人）	人口密度（人/平方公里）	货币名称
巴西	巴西利亚	852	20 610	24.2	雷亚尔（R$）
俄罗斯	莫斯科	1 713	14 670	8.6	卢布（Rub）
印度	新德里	329	126 896	386.0	卢比（Rs）
中国	北京	960	137 867	143.6	人民币（RMB）
南非	比勒陀利亚	122	5 591	46.0	兰特（ZAR）

资料来源：中华人民共和国国家统计局等．金砖国家联合统计手册 2017[M]．北京：中国统计出版社，2017：10。

附表 2.2 1993 年第一季度至 2017 年第二季度美国与金砖国家实际 GDP

时间	美国（10 亿美元）	巴西（10 亿雷亚尔）	俄罗斯（10 亿卢布）	印度（10 亿卢比）	中国（10 亿元）	南非（10 亿兰特）
1993_I	2 356.03	157.319	—	—	1 862.13	1 573.05
1993_II	2 370.03	160.549	—	—	2 172.51	1 590.30
1993_III	2 381.58	161.378	—	—	2 405.49	1 613.20
1993_IV	2 413.38	160.743	—	—	2 682.98	1 625.15
1994_I	2 437.05	162.914	—	—	2 124.69	1 622.83
1994_II	2 470.35	165.12	—	—	2 461.45	1 640.44
1994_III	2 484.93	171.245	—	—	2 720.61	1 658.89
1994_IV	2 513.13	178.076	—	—	3 004.94	1 686.58
1995_I	2 521.73	179.7	11 539.60	—	2 377.53	1 692.67
1995_II	2 530.53	177.07	11 594.20	—	2 732.21	1 700.19
1995_III	2 552.20	174.104	11 657.00	—	3 003.55	1 707.52
1995_IV	2 570.30	175.146	11 409.10	—	3 329.47	1 714.26
1996_I	2 587.18	177.987	11 271.10	—	2 636.68	1 738.32
1996_II	2 632.35	177.141	11 206.70	7 947.96	2 989.04	1 770.88
1996_III	2 656.70	184.256	11 023.90	7 853.31	3 279.88	1 790.97

续表

时间	美国（10亿美元）	巴西（10亿雷亚尔）	俄罗斯（10亿卢布）	印度（10亿卢比）	中国（10亿元）	南非（10亿兰特）
1996_IV	2 684.78	182.279	11 058.40	8 192.58	3 672.41	1 807.96
1997_I	2 705.23	183.686	11 185.00	8 231.61	2 902.99	1 813.15
1997_II	2 746.05	185.5	11 141.40	8 204.02	3 287.94	1 824.24
1997_III	2 781.00	187.811	11 334.20	8 218.62	3 561.95	1 828.06
1997_IV	2 802.58	189.192	11 471.00	8 486.53	3 988.24	1 830.82
1998_I	2 830.30	185.266	11 084.30	8 633.80	3 114.91	1 833.13
1998_II	2 857.75	188.246	10 945.00	8 718.40	3 514.81	1 835.72
1998_III	2 895.15	188.752	10 322.00	8 817.66	3 839.78	1 831.70
1998_IV	2 942.68	186.496	10 460.30	8 966.20	4 351.17	1 833.47
1999_I	2 966.18	186.359	10 869.20	9 147.28	3 392.14	1 850.33
1999_II	2 990.63	187.466	11 302.90	9 384.31	3 792.48	1 865.05
1999_III	3 028.28	187.819	11 473.70	9 454.31	4 131.60	1 885.42
1999_IV	3 080.83	190.619	11 752.70	9 585.31	4 642.70	1 906.16
2000_I	3 089.78	194	12 187.00	9 862.79	3 687.26	1 927.60
2000_II	3 148.13	194.886	12 402.00	9 871.28	4 137.60	1 945.33
2000_III	3 151.93	196.867	12 640.40	9 999.79	4 495.18	1 964.60
2000_IV	3 169.83	199.486	12 742.70	9 967.22	4 990.90	1 981.31
2001_I	3 160.83	200.303	12 813.60	10 026.79	4 037.55	1 994.18
2001_II	3 177.58	199.428	13 020.10	10 244.22	4 493.43	2 004.15
2001_III	3 167.53	197.929	13 366.80	10 362.64	4 854.79	2 009.47
2001_IV	3 176.33	198.433	13 305.80	10 611.90	5 365.22	2 024.92
2002_I	3 205.58	201.123	13 291.30	10 679.22	4 396.89	2 051.20
2002_II	3 223.25	203.989	13 639.70	10 779.30	4 888.85	2 076.04
2002_III	3 238.95	206.429	13 945.50	10 823.90	5 320.85	2 093.07
2002_IV	3 241.00	208.848	14 117.80	10 865.28	5 853.45	2 107.05
2003_I	3 257.80	206.272	14 413.40	11 023.34	4 884.94	2 126.55
2003_II	3 288.03	205.578	14 623.20	11 322.63	5 333.74	2 136.93
2003_III	3 343.10	207.673	14 836.60	11 621.11	5 852.93	2 148.53
2003_IV	3 382.18	210.209	15 176.00	12 149.62	6 438.79	2 160.92
2004_I	3 401.63	214.058	15 486.70	11 976.64	5 402.74	2 193.64

续表

时间	美国（10亿美元）	巴西（10亿雷亚尔）	俄罗斯（10亿卢布）	印度（10亿卢比）	中国（10亿元）	南非（10亿兰特）
2004_II	3 426.55	218.448	15 759.10	12 294.47	5 952.45	2 224.29
2004_III	3 457.70	221.535	15 952.90	12 638.35	6 426.52	2 260.66
2004_IV	3 487.60	223.463	16 078.50	12 777.07	7 005.40	2 284.80
2005_I	3 524.78	222.828	16 317.50	13 073.80	6 002.44	2 308.03
2005_II	3 543.18	228.144	16 753.00	13 448.80	6 613.17	2 349.45
2005_III	3 572.95	226.22	16 948.80	13 667.14	7 120.58	2 381.49
2005_IV	3 593.35	228.323	17 273.50	13 980.10	7 874.07	2 397.43
2006_I	3 636.53	232.279	17 654.60	14 383.56	6 752.75	2 439.55
2006_II	3 647.40	233.288	18 004.20	14 470.81	7 519.17	2 474.20
2006_III	3 650.65	236.493	18 357.60	15 024.95	7 989.29	2 508.37
2006_IV	3 679.23	239.274	18 741.80	15 353.72	8 858.33	2 543.06
2007_I	3 681.50	244.255	19 145.20	15 781.28	7 684.63	2 584.35
2007_II	3 709.68	248.541	19 573.40	16 027.38	8 647.04	2 605.53
2007_III	3 734.63	250.488	19 868.00	16 364.42	9 131.76	2 636.07
2007_IV	3 747.95	255.132	20 385.50	17 018.54	10 089.64	2 673.41
2008_I	3 722.38	259.217	20 876.20	17 183.01	8 568.36	2 684.65
2008_II	3 740.85	264.251	21 259.40	17 301.81	9 589.57	2 717.42
2008_III	3 722.90	268.203	21 133.30	17 411.00	9 999.28	2 723.92
2008_IV	3 644.25	257.618	20 042.00	17 357.22	10 806.00	2 708.41
2009_I	3 593.75	253.374	19 073.50	17 216.78	9 116.73	2 666.28
2009_II	3 588.90	258.438	18 846.90	18 131.08	10 375.92	2 657.13
2009_III	3 600.63	264.844	19 329.60	18 597.82	11 059.20	2 663.29
2009_IV	3 635.48	271.385	19 452.70	18 854.84	12 091.91	2 681.05
2010_I	3 651.20	276.257	19 784.10	19 458.60	10 228.97	2 711.58
2010_II	3 686.48	280.406	19 901.10	19 999.13	11 496.52	2 730.08
2010_III	3 711.38	283.43	20 097.80	20 378.16	12 154.06	2 760.43
2010_IV	3 734.75	287.026	20 384.80	20 908.59	13 289.01	2 789.95
2011_I	3 720.33	290.094	20 494.50	21 447.82	11 272.33	2 816.47
2011_II	3 747.40	293.651	20 688.90	21 466.69	12 646.17	2 832.67
2011_III	3 755.28	293.678	20 945.10	21 389.44	13 296.54	2 841.11

续表

时间	美国（10 亿美元）	巴西（10 亿雷亚尔）	俄罗斯（10 亿卢布）	印度（10 亿卢比）	中国（10 亿元）	南非（10 亿兰特）
2011_IV	3 797.58	294.631	21 276.00	22 028.41	14 458.44	2 862.78
2012_I	3 822.75	294.532	21 601.50	22 448.51	12 185.39	2 874.22
2012_II	3 840.60	296.635	21 601.60	22 534.40	13 607.28	2 900.03
2012_III	3 845.20	301.345	21 662.70	22 856.64	14 293.78	2 908.70
2012_IV	3 846.08	302.136	21 641.20	23 230.56	15 629.57	2 921.35
2013_I	3 872.98	301.756	21 835.80	23 555.37	13 148.04	2 934.11
2013_II	3 880.40	308.684	22 046.80	23 954.54	14 641.43	2 964.83
2013_III	3 910.33	310.05	22 014.40	24 340.99	15 422.99	2 978.12
2013_IV	3 948.48	310.105	22 150.20	24 829.06	16 833.05	3 016.11
2014_I	3 939.40	311.523	22 094.90	24 964.24	14 120.99	3 003.94
2014_II	3 983.95	307.565	22 228.90	25 792.45	15 739.54	3 009.10
2014_III	4 034.88	308.34	22 195.00	26 277.96	16 518.02	3 025.82
2014_IV	4 055.05	309.371	22 204.80	26 484.39	18 045.03	3 056.44
2015_I	4 087.50	305.468	21 641.30	26 882.31	15 109.46	3 071.18
2015_II	4 115.23	298.52	21 538.80	27 668.58	16 841.31	3 056.88
2015_III	4 131.90	294.465	21 578.70	28 235.81	17 657.76	3 060.20
2015_IV	4 136.90	291.669	21 497.10	28 544.24	19 272.09	3 064.15
2016_I	4 142.90	288.731	21 500.00	29 367.20	16 121.79	3 052.75
2016_II	4 165.88	287.801	21 488.70	29 815.00	17 969.68	3 076.47
2016_III	4 194.52	286.135	21 488.60	30 276.36	18 840.83	3 079.88
2016_IV	4 212.85	284.565	21 568.90	30 632.00	20 582.59	3 077.53
2017_I	4 225.80	287.544	21 701.70	31 168.24	17 241.33	3 072.41
2017_II	4 257.50	286.6	21 915.30	31 853.30	19 201.10	3 073.50

资料来源：BvD 数据库（EIU CountryData）。

注：中国数据未经季节调整，其他国家数据进行了季节调整。

附表 2.3　金砖国家的失业率（单位：%）

年份	巴西	俄罗斯	印度	中国	南非
1980	6.5	—	—	4.9	9.241
1981	8.1	—	—	3.8	9.824
1982	6.4	—	—	3.2	10.755

续表

年份	巴西	俄罗斯	印度	中国	南非
1983	6.7	—	—	2.3	12.543
1984	7.1	—	—	1.9	13.718
1985	5.3	—	—	1.8	15.452
1986	3.6	—	—	2	16.049
1987	3.7	—	—	2	16.592
1988	3.85	—	—	2	17.238
1989	3.35	—	—	2.6	17.829
1990	4.28	—	—	2.5	18.784
1991	4.83	—	3.996	2.3	20.162
1992	5.8	5.2	3.901	2.3	21.213
1993	5.43	5.9	4.06	2.6	22.163
1994	4.641	8.1	3.7	2.8	22.89
1995	4.65	9.4	3.974	2.9	16.5
1996	5.433	9.7	3.951	3	20.3
1997	5.684	11.8	4.386	3.1	22
1998	7.597	13.3	4.119	3.1	26.1
1999	7.6	13	4.215	3.1	23.3
2000	7.1	10.6	4.31	3.1	23
2001	11.265	9	3.775	3.6	25.95
2002	10.643	8	4.316	4	27.8
2003	11.081	8.2	3.929	4.3	27.65
2004	10.636	7.7	3.889	4.2	25.15
2005	10.807	7.1	4.4	4.2	24.65
2006	10.155	7	4.331	4.1	23.55
2007	9.71	6	3.724	4	23
2008	8.881	6.2	4.154	4.2	22.525
2009	9.578	8.2	3.906	4.3	23.7
2010	8.556	7.3	3.55	4.14	24.875
2011	7.77	6.5	3.537	4.09	24.8
2012	7.417	5.5	3.623	4.09	24.875
2013	7.2	5.5	3.574	4.05	24.725

续表

年份	巴西	俄罗斯	印度	中国	南非
2014	6.792	5.2	3.53	4.09	25.1
2015	8.3	5.575	3.49	4.05	25.35
2016	11.267	5.508	3.458	4.02	26.725
2017	12.145	5.475	—	4.02	27.396

资料来源：印度数据来自世界银行数据库（http://data.worldbank.org/indicator/），其他国家数据来自IMF, World Economic Outlook Database, April 2017。

附表 2.4　金砖国家之间的货物贸易额（单位：亿美元）

			2010 年	2015 年	2016 年
巴西	进口自	俄罗斯	19.10	22.21	20.21
		印度	42.42	42.90	24.83
		中国	255.95	307.19	233.64
		南非	7.53	6.45	3.36
	出口至	俄罗斯	41.52	24.64	23.00
		印度	34.92	36.17	31.61
		中国	307.86	356.08	351.34
		南非	13.10	13.54	13.97
俄罗斯	进口自	巴西	40.67	29.28	25.23
		印度	21.43	22.63	23.97
		中国	389.61	351.99	380.87
		南非	4.73	5.85	5.21
	出口至	巴西	17.23	19.23	17.86
		印度	54.06	45.50	53.13
		中国	197.83	283.35	280.21
		南非	0.46	2.74	1.97
印度	进口自	巴西	32.21	41.08	36.15
		俄罗斯	35.92	45.27	47.82
		中国	412.49	616.04	604.83
		南非	69.12	62.76	50.92
	出口至	巴西	36.70	30.99	23.00
		俄罗斯	13.93	16.12	18.14
		中国	174.40	95.77	89.16
		南非	36.50	38.14	32.43

续表

			2010 年	2015 年	2016 年
中国	进口自	巴西	380.99	440.89	458.55
		俄罗斯	259.14	332.59	322.60
		印度	208.46	133.69	117.64
		南非	148.96	301.51	222.29
	出口至	巴西	244.61	274.12	219.76
		俄罗斯	296.12	347.57	373.40
		印度	409.14	582.28	583.98
		南非	108.00	158.58	128.50
南非	进口自	巴西	13.69	12.81	14.02
		俄罗斯	1.05	3.76	2.57
		印度	28.41	39.40	31.04
		中国	114.80	146.03	135.37
	出口至	巴西	7.10	4.95	3.79
		俄罗斯	2.78	2.53	2.83
		印度	30.32	31.47	31.51
		中国	80.95	58.03	68.12

资料来源：https://comtrade.un.org/data/。

注：各国统计口径存在误差。

参考文献

[1]陈昆亭，周炎，龚六堂. 中国经济周期波动特征分析：滤波方法的应用[J]. 世界经济，2004（10）.

[2]陈浪南，刘宏伟. 我国经济周期波动的非对称性和持续性研究[J]. 经济研究，2007（4）.

[3]程惠芳，岑丽君. FDI、产业结构与国际经济周期协动性研究[J]. 经济研究，2010（9）.

[4]扶涛，张梅荷.“金砖四国”经济增长源泉比较研究[J]. 经济问题探索，201（4）.

[5]高铁梅，王金明，陈飞，梁云芳. 中国转轨时期的经济周期波动——理论、方法及实证分析[M]. 北京：科学出版社，2009.

[6]贺书锋，郭羽诞. 中国经济周期的国际协同性与群体差异性：1960—2007[J]. 国际贸易问题，2010（3）.

[7]贺书锋.“金砖四国”经济周期互动与中国核心地位——基于 SVAR 的实证分析[J]. 世界经济研究，2010（4）.

[8]贾俊雪，郭庆旺. 经济开放、外部冲击与宏观经济稳定——基于美国经济冲击的影响分析[J]. 中国人民大学学报，2006（6）.

[9]贾俊雪. 中国经济周期波动特征及原因研究[M]. 北京：中国金融出版社，2008.

[10]李磊，张志强，万玉琳. 全球化与经济周期同步性[J]. 世界经济研究，2011（1）.

[11]林跃勤，周文. 新兴经济体蓝皮书：金砖国家发展报告（2012—2017年）[M]. 北京：社会科学文献出版社，2012—2017.

[12]林跃勤. 金砖四国：经济转型与持续增长[J]. 经济学动态，2010（10）.

[13]林跃勤. 外部冲击与“金砖”国家反危机政策比较研究[J]. 中国工

业经济，2009（6）.

[14]刘恩专，刘立军．东亚经济周期协动性的贸易传导——贸易三元边际视角的一个实证[J]．国际贸易问题，2014（3）.

[15]刘金全，李庆华．中国经济周期的阶段性划分和经济波动的非对称性——基于马尔可夫区制转移模型的研究[J]．社会科学战线，2009（6）.

[16]刘金全，刘志刚，于冬．我国经济周期波动性与阶段性之间关联的非对称性检验——Plucking 模型对中国经济的实证研究[J]．统计研究，2005（8）.

[17]刘金全，隋建利，闫超．我国通货膨胀率过程区制状态划分与转移分析[J]．系统工程学报，2009（6）.

[18]刘金全，隋建利．中国货币增长不确定性与经济增长关系检验（1980—2008）[J]．中国社会科学，2010（4）.

[19]刘树成，张晓晶，张平．实现经济周期波动在适度高位的平滑化[J]．经济研究，2005（11）.

[20]刘树成．论中国经济增长与波动的新态势[J]．中国社会科学，2000（1）.

[21]刘树成．中国经济波动的新轨迹[J]．经济研究，2003（3）.

[22]刘树成．中国经济的周期波动[M]．北京：社会科学文献出版社，2007.

[23]刘树成．中国经济周期研究报告[M]．北京：社会科学文献出版社，2006.

[24]刘文革，王文晓．建立金砖自贸区可行性及经济效应分析[J]．国际经贸探索，2014（6）.

[25]龙如银，郑挺国，云航．Markov 区制转移模型与我国通货膨胀波动路径的动态特征[J]．数量经济技术经济研究，2005（10）.

[26]欧阳峣．大国经济研究（第二辑）[M]．北京：经济科学出版社，2010.

[27]裴长洪．后危机时代经济全球化趋势及其新特点、新态势[J]．国际经济评论，2010（4）.

[28]彭斯达，陈继勇．中美经济周期的协动性研究：基于多宏观经济指标的综合考察[J]．世界经济，2009（2）.

[29]秦宛顺，靳云汇，卜永祥．中国经济周期与国际经济周期相关性分析[J]．学习与实践，2002（2）.

[30]任志祥，宋玉华. 论经济全球化下的中国经济波动与世界经济周期[J]. 技术经济，2004（3）.

[31]沈骥，曹星. 中美两国经济周期协动性分析[J]. 经济与管理，2011（12）.

[32]沈逸，江天骄. 金砖国家推动全球治理[N]. 中国社会科学报，2016-8-26（005）.

[33]石柱鲜，刘俊生，吴泰岳. 利用多变量马尔科夫转移因子模型对我国经济周期波动的经验研究[J]. 数理统计与管理，2007（5）.

[34]宋玉华，方建春. 中国与世界经济波动的相关性研究[J]. 财贸经济，2007（1）.

[35]宋玉华. 世界经济周期理论与实证研究[M]. 北京：商务印书馆，2007.

[36]隋建利，刘金全. 中美两国货币增长不确定性与经济周期联动机制的差异性分析[J]. 国际金融研究，2011（7）.

[37]汤凌霄，欧阳峣，黄泽先. 国际金融合作视野中的金砖国家开发银行[J]. 中国社会科学，2014（9）.

[38]唐晓彬，刘金全. 通货膨胀、通货膨胀不确定性与货币增长不确定性之间的关联分析[J]. 系统工程，2012（5）.

[39]唐晓彬. Markov 机制转换的状态空间模型及其在我国经济周期中的应用研究[J]. 统计研究，2010（2）.

[40]王建军. Markov 机制转换模型研究——在中国宏观经济周期分析中的应用[J]. 数量经济技术经济研究，2007（3）.

[41]王磊. 金砖国家合作迈入“中国年”[N]. 光明日报，2017-1-4（10）.

[42]王如君等. 金砖国家依然是全球经济增长重要引擎[N]. 人民日报，2016-10-2（5）.

[43]王信. 金砖四国国际金融实力提升对国际金融及其治理的影响[J]. 国际经济评论，2011（1）.

[44]王延军. 中美经济周期波动特征比较研究[J]. 外交评论，2007（8）.

[45]王勇，傅雄广，魏强. 外部冲击下的中国与世界经济波动协同性研究[J]. 世界经济研究，2010（7）.

[46]吴俊，宾建成.“金砖四国”经济效率的比较研究[J]. 亚太经济，2010（3）.

[47]熊豪. 金砖国家经济周期协动的区制依赖性分析——基于 Markov 区制转移模型的实证研究[J]. 经济经纬，2014（6）.

[48]徐秀军. 金砖国家经济合作面临的挑战与前景[EB/0L]. 人民网—理论频道，http: //theory.people.com.cn/n1/2016/1109/c40531-28847771.html.

[49]薛敬孝，张兵. 论东亚地区经济周期的同期性与非同期性[J]. 南开经济研究，2001（4）.

[50]杨力，张耿. 世界范围的经济波动福利损失分析[J]. 世界经济研究，2011（2）.

[51]殷剑峰. 二十一世纪中国经济周期平稳化现象研究[J]. 中国社会科学，2010（4）.

[52]于震，李晓，丁一兵. 东亚经济周期同步性与区域经济一体化[J]. 数量经济技术经济研究，2014（8）.

[53]袁富华，汪红驹，张晓晶. 中国经济周期的国际关联[J]. 世界经济，2009（12）.

[54]张兵，李翠莲. 金砖国家通货膨胀周期的协动性[J]. 经济研究，2011（9）.

[55]张兵，李翠莲. 墨西哥加入金砖国家合作机制研究[J]. 亚太经济，2011（5）.

[56]张兵. 中美经济周期的同步性及其传导机制分析[J]. 世界经济研究，2006（10）.

[57]张兵. 中美经济周期的协动性：基于马尔科夫区制转移模型的研究[J]. 南开经济研究，2015（3）.

[58]张玉柯，徐永利. 论“金砖四国”产业结构与就业结构的变动及其相关性[J]. 河北学刊，2010（6）.

[59]赵留彦，王一鸣，蔡婧. 中国通胀水平与通胀不确定性：马尔柯夫域变分析[J]. 经济研究，2005（8）.

[60]中国经济增长与宏观稳定课题组. 全球失衡、金融危机与中国经济的复苏[J]. 经济研究，2009（5）.

[61]中国经济增长与宏观稳定课题组. 外部冲击与中国的通货膨胀[J]. 经济研究，2008（5）.

[62]Aghion, Philippe, Philippe Bacchetta and Abhijit Banerjee. Financial Development and the Instability of Open Economies[R]. NBER Working Papers,

2004, W10246.

[63]Ahmed, Shaghil, Barry W. Ickes, Ping Wang and Byung Sam Yoo. International Business Cycles[J]. American Economic Review, 1993, 83(3): 335-359.

[64]Backus, David K., Kehoe, Patrick J. and Kydland, Finn E.. International Real Business Cycles[J]. Journal of Political Economy, 1992, 100(4): 745-775.

[65]Balakrishnan, Ravi, Stephan Danninger, Selim Elekdag and Irina Tytell. The Transmission of Financial Stress from Advanced to Emerging Economies[R]. IMF Working Papers, 2009, WP /09 /133.

[66]Baxter, Marianne and Kouparitsas, M. A.. Determinants of Business Cycle Co-movement: A Robust Analysis[J]. Journal of Monetary Economics, 2005, 52(1): 113-57.

[67]Blankenau, William, M. Ayhan Kose and Kei-Mu Yi. Can World Real Interest Rates Explain Business Cycles in a Small Open Economy? [J]. Journal of Economic Dynamics and Control, 2001, 25(6-7): 867-889.

[68]Bordo, Michael D.and Thomas F. Helbling. Have National Business Cycles Become More Synchronized? [R]. NBER Working Papers, 2003, W10130.

[69]Bordo, Michael D.and Thomas F. Helbling. International Business Cycle Synchronization in Historical Perspective[R]. NBER Working Papers, 2010, W16103.

[70]Burbidge and Harrison. Accounting for the Impact of Fluctuations in U.S. Variables on the Canadian Economy[J]. Canadian Journal of Economics, 1985, ⅩⅧ, 784-798.

[71]Burstein, Ariel, Kurz, Christopher and Tesar, Linda. Trade, Production Sharing and the International Transmission of Business Cycles[J]. Journal of Monetary Economics, 2008, 55(4): 775-795.

[72]Dooley, Michael and Hutchison, Michael. Transmission of the U.S. Subprime Crisis to Emerging Markets: Evidence on the Decoupling-recoupling Hypothesis[J]. Journal of International Money and Finance, 2009, 28(8): 1331-1349.

[73]Dornbusch, R.. Open Economy Macroeconomics[M]. Cambridge

University Press, 1980.

[74]Eichengreen, Barry, Mody, Ashoka, Nedeljkovic, Milan and Sarno, Lucio. How the Subprime Crisis Went Global: Evidence from Bank Credit Default Swap Spreads[J]. Journal of International Money and Finance, 2012, 31(5): 1299-1318.

[75]Eickmeier, Sandra. Business Cycle Transmission from the US to Germany-A Structural Factor Approach[J]. European Economic Review, 2007, 51(3): 521-551.

[76]Fallahi, Firouz. Causal Relationship between Energy Consumption (EC) and GDP: A Markov-Switching (MS) Causality[J]. Energy, 2011, 36: 4165-4170.

[77]Frankel, Jeffrey A. and Rose Andrew K.. The Endogeneity of the Optimum Currency Area Criteria[J]. Economic Journal, 1998, 108(449): 1009-25.

[78]Fukuda. International Transmission of Monetary and Fiscal Policy[J]. Journal of Economic Dynamics and Control, 1993, 17: 589-620, 2.

[79]Garcia, Rene and Prerre Perron. An Analysis of Real Interest under Regime Shift[J]. Review of Economics and Statistics, 1996, 78: 111-125.

[80]Glick R. and Hutchison, M.. Banking and Currency Crises：How Common are Twins？[J]. In Financial Crises in Emerging Markets. NY：Cambridge University Press, 1999.

[81]Glick, R. and Rose, A. K.. Contagion and Trade: Why are Currency Crisis Regional[J]. Journal of International Money and Finance, 1999, 18: 603-617.

[82]Gorton, Gary and Andrew Metrick. Getting Up to Speed on the Financial Crisis: A One-Weekend-Reader's Guide[J]. Journal of Economic Literature, 2012, 50(1): 128-150.

[83]Guerrieri, Luca, Matteo Iacoviello and Raoul Minetti. Banks, Sovereign Debt and the International Transmission of Business Cycles[J]. NBER International Seminar on Macroeconomics, 2013, 9(1): 181-213.

[84]Hamilton, James D.. A New Approach to the Economic Analysis of Nonstationary Time Series and the Business Cycle[J]. Econometrica, 1989, 57(2): 357-384.

[85] Hamilton, J.D.. Time Series Analysis[M]. New York: Princeton University Press, 1994.

[86] Hickman and Filatov. A Decomposition of International Income Multipliers[J]. Global Econometrics. The MIT press, 1983.

[87] Imbs, J. . Trade, Finance, Specialization and Synchronization[R]. IMF Working Paper, 2003, WP /03 /81.

[88] Jeanne, Olivier and Paul Masson. Currency Crises, Sunspots and Markov-Switching Regimes[J]. Journal of International Economics, 2000, 50: 327-350.

[89] Kalemli-Ozcan, Sebnem, Papaioannou, Elias and Perri, Fabrizio. Global Banks and Crisis Transmission[J]. Journal of International Economics, 2013, 89(2): 495-510.

[90] Kim, C. J. and Nelson C.R.. State-Space Models with Regime Switching: Classical and Gibbs-Sampling Approaches with Applications[M]. Massachusetts: The MIT Press, 1999.

[91] Kim, C. J., Nelson C.R. and Startz R.. Testing for Mean Reversion in Heteroskedastic Data Based on Gibbs-Sampling-Augmented Randomization[J]. Journal of Empirical Finance, 1998, 5: 131-154.

[92] Korinek, Anton, Agustin Roitman and Carlos A. Végh. Decoupling and Recoupling[J]. American Economic Review, 2010, 100(2): 393-397.

[93] Kose, M. A. and Kei-Mu Yi. Can the Standard International Business Cycle Model Explain the Relation Between Trade and Co-movement? [J]. Journal of International Economics, 2006, 68(2): 267-295.

[94] Kose, M. Ayhan, Christopher Otrok and Eswar Prasad. Global Business Cycles: Convergence Or Decoupling? [J]. International Economic Review, 2012, 53(2): 511-538, 5.

[95] Kose, M.A., Otrok, C. and Whiteman, C.H.Understanding the Evolution of World Business Cycles[J]. Journal of International Economics, 2008, 75, (1): 110-130.

[96] Lammerding, Marc, Patrick Stephan, Mark Trede and Bernd Wilfling. Speculative Bubbles in Recent Oil Price Dynamics: Evidence from a Bayesian Markov-Switching State-Space Approach[J]. Energy Economics, 2013, 36:

491-502.

[97]Mario Crucini, Ayhan Kose and Christopher Otrok. What are the Driving Forces of International Business Cycles? [J]. Review of Economic Dynamics, 2011, 14(1): 156-175.

[98]Michael D. B. and Helbling T. F.International Business Cycle Synchronization in Historical Perspective[R]. NBER Working Papers, 2010, W16103.

[99]Mishkin F. S. Monetary Policy Strategy: Lessons from the Crisis[R]. NBER Working Papers, 2011, W16755.

[100]Mishkin F. S.. Over the Cliff: From the Subprime to the Global Financial Crisis[J]. Journal of Economic Perspectives, 2011, 25(1): 49-70.

[101]Philippe Aghion, Philippe Bacchetta and Abhijit Banerjee. Financial Development and the Instability of Open Economies [R]. NBER Working Papers, 2004, W10246.

[102]Psaradakis, Zacharias, Morten O. Ravn and Martin Sola. Markov Switching Causality and the Money-Output Relationship[J]. Journal of Applied Econometrics, 2005, 36(7): 665-683.

[103]Ravi Balakrishnan, Stephan Danninger, Selim Elekdag and Irina Tytell. The Transmission of Financial Stress from Advanced to Emerging Economies[R]. IMF Working Papers, 2009, WP/09/133.

[104]Reinhart, Carmen and Kenneth Rogoff. From Financial Crash to Debt Crisis[J]. American Economic Review, 2011, 101(5): 1676-1706.

[105]Reinhart, Carmen and Kenneth Rogoff. Is the 2007 US Sub-prime Financial Crisis so Different? An International Historical Comparison[J]. American Economic Review, 2008, 98(2): 339-344.

[106]Rey, Clément, Rey, Serge and Viala, Jean-Renaud. Detection of High and Low States in Stock Market Returns with MCMC Method in a Markov Switching Model[J]. Economic Modelling, 2014, 41: 145-155.

[107]Sanchez-Espigares, Josep Anton and Alberto Lopez-Moreno. "MSwM" Package[R], http: //www.r-project.org/, 2014.

[108]Selover. Business Cycle Transmission between the United States and Japan: A Vector Error Correction Approach[J]. Japan and the World Economy,

1997, 9: 385-411.

[109]Selover. International Interdependence and Business Cycle Transmission in ASEAN[J]. Journal of the Japanese and International Economies, 1999, 13(3): 230-253.

[110]Svensson and Van Winjbergen. Excess Capacity, Monopolistic Competition and International Transmission of Monetary Disturbances[J]. Economic Journal, 1989, 99: 785-805.

[111]Svensson. International Fiscal Policy Transmission[J]. Modelling Trade and Trade Policy, 1988, 89-118.

[112]Williamson, J. and Maher, M. A Survey of Financial Liberalisation [J]. Princeton Essays in International Finance, 1998, 211.